CAMINOS HACIA
LA PAZ
MENTAL

T0046730

NAPOLEON HILL

Publicado y Distribuido por:

SOUND WISDOM
PO Box 310
Shippensburg, PA 17257-0310
717-530-2122

info@soundwisdom.com

www.soundwisdom.com

ISBN 13: 978-1-64095-443-4
ISBN 13: Ebook: 978-1-64095-444-1

For Worldwide Distribution, Printed in the U.S.A.
1 2 3 4 5 6 / 26 25 24 23

CONTENIDO

PRÓLOGO

El nieto de Napoleon Hill, el Dr. J. B. Hill, es un fiduciario de la Fundación Napoleon Hill y recientemente entregó a la Fundación un manuscrito que Napoleon había dado a su hijo David, el padre de J.B., en los años 50. Napoleon le había dado el título "Cómo obtener la paz mental" y tenía la intención de publicarlo como una serie de columnas en el periódico. Por razones que la Fundación desconoce, los escritos nunca se publicaron. Se presentan aquí por primera vez.

El Consejo de Administración ha combinado este manuscrito con un extracto inédito de una obra autobiográfica incompleta escrita por Napoleon en 1947 y con ensayos editoriales escritos por Napoleon y publicado en 1919 y 1920 en su revista, *Hill's Golden Rule* ("La Regla de Oro de Hill"). Se seleccionaron estos estos escritos para este libro porque exploran el tema de la obtención de la paz mental, uno de los componentes principales de una vida feliz, tal y como la visualizaba Napoleón Hill. El último capítulo es una transcripción inédita de un programa de radio de 1948 en el que Napoleón reveló cuál es la habilidad esencial para alcanzar el éxito y la felicidad.

Los escritores que conocen el libro exitoso de Napoleon Hill *Piense y hágase rico* posiblemente asocien sus escritos con enseñanzas sobre cómo adquirir el éxito monetario, y de hecho ese era uno de los temas del libro. Pero Napoleon creía que el mayor éxito en la vida no era monetario y la que las verdaderas riquezas venían de la paz mental que uno adquiere al ayudar a otros. De hecho, su último libro, publicado en 1967 cuando él contaba con 84 años de edad, se titula Hágase rico con la paz mental y trata exclusivamente con este tema.

Existen muchos escritores que han elegido dedicar sus vidas al estudio de la autoayuda. Napoleon Hill es uno de los autores de auto- ayuda más famosos, pero hubo otros autores que estudiaron el tema antes que él. Samuel Smiles escribió un libro titulado *Autoayuda* en 1854 a fin de ayudar a otros a conocer acerca del concepto de la superación personal. Escribió acerca de personas que habían pasado muchos años de duro trabajo y de superar adversidad a fin de obtener sus metas. Napoleon Hill leyó el libro de Samuel Smiles y se vio muy influenciado por él cuando empezó a escribir sus propios libros de autoayuda a principios del siglo XX. Sin embargo, una diferencia entre los libros de Napoleon Hill y otros libros de autoayuda, incluyendo el de Smiles, es que Napoleon mostraba a los lectores cómo llegar a tener éxito. Enumeraba pasos detallados que se debían tomar para obtener el éxito, o cualquier otro logro deseado en la vida.

Sería apto decir que Napoleon Hill era un autor de "cómo se hace". *Piense y hágase rico,* su obra más famosa, provee seis pasos que se pueden usar para obtener cualquier cosa que uno desee en la vida, aunque su mayor enfoque era obtener el éxito financiero. Los pasos son los siguientes:

- *Primero,* fija en tu mente la cantidad exacta de dinero que deseas. No es suficiente meramente decir, "Quiero mucho dinero". Sé definitivo en cuanto a la cantidad. (Hay una razón psicológica por la definitividad que se describe en un capítulo subsecuente).

- *Segundo,* determina exactamente lo que planeas hacer para dar a cambio del dinero que deseas. (No existe tal realidad como "algo a cambio de nada".)

- *Tercero,* establece una fecha definida cuando planeas poseer el dinero que deseas.

- *Cuarto,* crea un plan definido para obtener lo que deseas, y comienza inmediatamente, sea que estés listo o no, para poner este plan en acción.

- *Quinto,* escribe una declaración clara y concisa acerca de la cantidad de dinero que tienes planes de adquirir, nombra el límite de tiempo para su adquisición, declara lo que planeas dar a cambio por el dinero y describe claramente el plan por el cual planeas acumularlo.

- *Sexto,* lee tu declaración en voz alta dos veces al día, una vez justo antes de retirarte por la noche y una vez al levantarte por la mañana. Al leer, ve y siente y cree que ya tienes el dinero.

Estos pasos se pueden adaptar para guiarte a cualquier cosa que desees. En esta pequeña obra, *Caminos hacia la paz mental,* Napoleon Hill te mostrará cómo usar estos pasos y otros principios del éxito, para obtener el gran regalo de la Paz Mental.

—Don Green, Director Ejecutivo
Fundación Napoleon Hill

PARTE
UNO

CÓMO OBTENER LA PAZ MENTAL

INTRODUCCIÓN

por Dr. J. B. Hill

Mi primero recuerdo de mi abuelo es de cuando yo contaba con 12 años de edad. Él me regaló un ejemplar de *Piense y hágase rico* y un billete de diez dólares. No leí el libro, y no recuerdo qué sucedió con los diez dólares.

Mi padre, el hijo de Napoleon Hill, se alistó en el servicio militar de joven y sirvió en la Segunda Guerra Mundial y la Guerra de Corea. Hizo carrera sirviendo a su país y se ganó muchas medallas por su valor y sus logros en el servicio activo. Él está enterrado en el Cementerio Nacional de Arlington.

Elegí seguir los pasos de mi padre y me alisté en el Cuerpo de Marines de los Estados Unidos, donde serví por 26 años. Durante este tiempo recibí mi título en la Universidad de Vanderbilt y finalmente leí el libro de mi abuelo, *Piense y hágase rico* por primera vez. Después de jubilarme de los Marines, decidí entrar a la facultad de medicina a la edad de 46 años y sigo ejerciendo la medicina hasta el día de hoy.

Estoy sumamente orgulloso de mi abuelo, por su obra que ha ayudado a millones de personas a lograr sus sueños. Sirvo como miembro del Consejo de Administración de la Fundación Napoleon Hill, y a través de la Fundación hemos ayudado a multitudes de personas a lograr su propio nivel de éxito.

La primera porción del libro que estás a punto de leer fue entregado a mi padre cuando regresó de la Guerra de Corea en 1953. Recientemente, yo estaba revisando la colección de materiales de mi padre y encontré el manuscrito, titulado "Cómo obtener la paz mental". Según la cubierta, su propósito original fue ser una serie de columnas periodísticas, pero nunca se publicó. No es raro que los escritos de mi abuelo hayan quedado inéditos porque él era un escritor tan prolífico. Su familia y la Fundación todavía están descubriendo sus obras, más de 50 años después de su fallecimiento.

Como un nieto que tiene el deseo ardiente de perpetuar el legado de su abuelo, es mi esperanza que disfrutes de esta joya instructiva, inspiradora y atemporal que finalmente está viendo la luz, merecidamente, después de haber estado escondida por casi siete décadas.

INTRODUCCIÓN

por Napoleon Hill

LA PAZ MENTAL suaviza la pobreza y adorna las riquezas.
—NAPOLEON HILL

La paz mental está a la venta para toda persona que pagará el precio, pero no a precios baratos y de ganga. A través de esta serie de mensajes personales, se te dirá qué es la paz mental, su precio, y cómo conseguirla.

Antes de iniciar nuestra búsqueda por la paz mental, vamos a enterarnos qué precisamente es lo que estamos buscando. Consiste en muchas circunstancias y muchas cosas, y cada una tiene una etiqueta de precio claramente marcada y adherida a ella.

Primero que todo, la paz mental es el dominio completo sobre todas las formas de preocupación.

Es la libertad de la falta de las necesidades físicas de la vida.

Es la libertad de malestares físicos y mentales, cuando y donde sus causas pueden ser eliminadas o transmutadas en algo deseable.

Es la libertad de los temores y supersticiones del pasado que han mantenido a la humanidad en la esclavitud.

Es la libertad de los Siete Temores Básicos:

1. Temor a la pobreza

2. Temor a la crítica

3. Temor a la mala salud

4. Temor a la pérdida de amor

5. Temor a la pérdida de la libertad

6. Temor a la vejez

7. Temor a la muerte

Es la libertad de la debilidad humana común de buscar algo por la nada; por la vida a precio de ganga.

Es el hábito de pensar por sí mismo en cuanto a todos los temas, una prerrogativa dada al hombre por su Hacedor que resulta ser lo único sobre lo cual uno tiene el completo poder de controlar en todo momento.

Es el hábito de autoinspección frecuente desde el interior para determinar cuáles cambios uno tiene que hacer a su carácter.

Es el hábito de desarrollar la valentía de ver los hechos de la vida como realista, no soñador.

Es el hábito de controlar la avaricia y el deseo de ser grande y poderoso y rico a expensas de otros.

Es el hábito de ayudar a otros a ayudarse a sí mismos.

Es el reconocimiento de la verdad de que todo el mundo tiene el privilegio de acercarse al poder de la Inteligencia Infinita y usarlo libremente para la solución de todos los problemas humanos.

Es la libertad de la ansiedad sobre lo que pueda suceder después de la transformación conocida como la muerte,

Es la libertad del deseo por venganza.

Es el hábito de "ir más allá de lo esperado" en todas las relaciones humanas, de prestar más y mejor servicio del que se paga y hacerlo con una actitud mental positiva.

Es una comprensión aguda de la diferencia entre la posesión de cosas y el privilegio de usar cosas a beneficio de otros.

Es conocer quién eres y cuáles son tus verdaderas virtudes y habilidades que te distinguen de todos los demás.

Es la libertad del hábito de transmutar la derrota en un estado mental de desánimo.

Es el hábito de pensar en términos de lo que deseas, no en pensar en los obstáculos que puedan impedirte cuando estás buscando obtenerlo.

Es el hábito de comenzar justo donde estás, hacer lo que quieres hacer, en vez de esperar que todas las circunstancias sean favorables para que lo hagas.

Es el hábito de reírse de las pequeñas contrariedades que te sobrevienen, reconociendo que pueden convertirse en bendiciones.

Es el hábito de buscar la semilla de un beneficio equivalente que consiste en todas las adversidades, derrotas y fracasos, en lugar de lamentarse por ellos como una pérdida. Nada en la experiencia humana se pierde del todo.

Es el hábito de tomar la vida como venga, sin rehuir lo desagradable ni complacerse en exceso con lo agradable.

Es el hábito de adquirir la felicidad gracias al hacer en vez de buscarla por medio del poseer.

Es el hábito de hacer que la vida te recompense en tus propios términos, en valores que tú escoges, en vez de conformarte con un salario de baja categoría.

Es el hábito de dar en vez de tratar de conseguir.

Así que puedes ver que la Paz Mental es una institución bastante significante. Se puede conseguir sobre por medio de una fórmula definida que se revelará a través de esta serie de mensajes personales de alguien que la ha obtenido.

El secreto detrás de esta fórmula entró a mi posesión solo después de que yo hubiera dedicado casi cuarenta años a la obra de analizar a hombres que habían llegado a ser exitosos en la acumulación de riquezas materiales.

De todos los más de seiscientos hombres de alto rango que me revelaron los secretos del éxito financiero, ¡no encontré ninguna evidencia de que alguno de ellos hubiera encontrado la paz mental duradera! Este descubrimiento fue tan impactante y sorprendente que no me dejó ninguna elección más que buscar el camino a la paz mental.

Y cuando encontré el camino, me sorprendió aprender que está al alcance de todo ser humano que está dispuesto a seguir el plan detallado que revelaré a través de estos mensajes personales.

Existe una Llave Maestra que abre todas las puertas entre uno y la paz mental. No se revelará hasta que lleguemos al último de estos mensajes personales porque el iniciado primero tiene que aprender cómo usar la llave, a través de la asimilación de estos mensajes.

**No has encontrado el éxito a menos que tengas
paz contigo mismo y con otros.
–NAPOLEON HILL**

CAPÍTULO 1

EL ARTE DE COMPARTIR LAS RIQUEZAS

El éxito en su forma más elevada y noble clama por paz
mental y disfrute y alegría, que solo le viene a al hombre que
ha encontrado el trabajo que más le gusta.

—NAPOLEON HILL

"Cuando estás preocupado por un problema que no puedes resolver", dice John Wanamaker, el magnate de grandes tiendas comerciales y filántropo, "y no sabes qué es lo siguiente que debes hacer, siempre hay una cosa que puedes hacer que posiblemente resuelva tu problema o eventualmente te llevará a su solución: Puedes mirar a tu alrededor hasta que encuentres a alguien con un problema más grande que el tuyo y empezar allí mismo donde estás a ayudarle a encontrar su solución. Las probabilidades son mil a uno que para cuando se haya encontrado la solución del problema del otro, tú también habrás encontrado la solución a tu propio problema".

Desde el día en que escuché por primera vez esta extraña filosofía, comencé a observar más de cerca a quienes tienen problemas, incluyéndome a mí, y descubrí que el consejo era sólido.

Andrew Carnegie comprendía la solidez de esta filosofía: el hábito de ayudar a los demás para ayudarse a uno mismo, y es por eso que él me comisionó a llevar a la gente del mundo lo que él llamaba la mejor porción de sus vastas riquezas, que consistía en conocer cómo él había acumulado su fortuna.

El Sr. Carnegie era el maestro por excelencia en el arte de compartir sus riquezas, habiendo hecho un trabajo tan excelente de compartir oportunidades con sus empleados y asociados empresariales que se le acredita con haber hecho más millonarios que cualquier otro industrial estadounidense. Él descubrió que compensaba compartir las bendiciones de uno. Pagaba de dos maneras: primero, en la paz mental que uno experimenta cuando ayuda a otro a obtener el éxito, y segundo, en las riquezas materiales.

Tener la voluntad de compartir las bendiciones recibidas es una de las doce grandes riquezas de la vida. Se sitúa, en importancia, muy cerca de una actitud mental positiva, que es la primera y más importante de las doce grandes riquezas. Veamos ahora cómo funciona este principio en la práctica.

Durante la Segunda Guerra Mundial, uno de mis estudiantes distinguidos, el Sr. Edward Choate, de Los Angeles, California, un representante de la Compañía de Seguros New England Mutual Life, presupuestaba su tiempo de tal manera que el 80 por ciento lo dedicaba a ayudar al gobierno a vender bonos de guerra, sin recibir ninguna compensación directa. El diez por ciento de su tiempo lo dedicaba a asesorar y formar a otros representantes de seguros de vida, sus competidores, en la venta exitosa de seguros de vida, por lo que no pedía ni recibía compensación. El 10% restante lo dedicaba a su propio negocio de venta de seguros de vida.

Uno podría pensar que un presupuesto que donaba el 90 porciento del tiempo de un hombre lo arruinaría. Pues, veamos su historial. Durante los tres primeros meses de un año, el Sr. Choate suscribió más de 3.000.000 de dólares en seguros de vida. La mayor parte de estos seguros se suscribieron en su propia oficina, sobre las vidas de hombres que acudieron voluntariamente e hicieron la solicitud de seguro. Eran hombres con los cuáles él se había puesto en contacto en relación con el servicio que prestaba mientras regalaba el 90 por ciento de su tiempo. Esto representa más seguros de vida que los que vende un agente medio durante diez años de trabajo duro.

Cada vez que compartes tus bendiciones con otro, pones a alguien en deuda y te conviertes en su acreedor. Es mejor ser un acreedor que ser un deudor, porque las deudas tienen que ser pagadas.

Edward Choate llegó a conocer el principio de compartir las bendiciones a través de uno de mis libros sobre la filosofía del logro personal. Cada año, firma y regala cientos de ejemplares de este libro, y cada libro le atrae a nuevos amigos que con frecuencia se acuerdan de él cuando están buscando un seguro de vida. No es de extrañar, por lo tanto, que la mayor parte de su negocio de seguros de vida se realiza en su propio despacho.

La motivación detrás del hábito del Sr. Choate de regalar ejemplares autografiados de este libro de éxito en particular de ninguna manera se debe meramente por su deseo de suscribir un seguro de vida en la vida de aquellos a quienes se lo presenta, ya que a menudo regala el libro a hombres y mujeres que, ni en sueños, llegarán a ser compradores de seguros de vida. Regala el libro porque se encontró con su filosofía en un periodo crucial de su vida, cuando necesitaba algunas fuentes de inspiración externa. Lo regala como expresión de su gratitud por la ayuda que le dio.

Edward Choate es uno de esos raros personajes que han aprendido que uno no puede quedarse para siempre en el lado receptor de la vida y esperar obtener o conservar la paz mental o la prosperidad financiera. Ha aprendido, junto con los grandes filósofos más destacados a través de las edades, que solo se pueden conservar las riquezas que uno regala. Si consigo transmitir esta verdad para que se apodere de tu imaginación, la lectura de este mensaje personal puede marcar el momento decisivo más importante de tu vida, independientemente de quién sea o de lo rico que sea ahora.

Durante más de cuarenta años me he dedicado a compartir, habiendo recibido la comisión de Andrew Carnegie de organizar una filosofía de éxito a través de la cual él deseaba compartir con la gente de este mundo su fabulosa fortuna de mil millones de dólares, así como darles el "cómo" por el cual él adquirió sus riquezas tangibles. Por lo tanto, no me falta el conocimiento personal de los beneficios que se obtienen a través del principio de compartir.

El hábito de compartir las bendiciones de uno no solo conduce a la paz mental, sino que coloca a la persona en una posición favorable para beneficiarse de la gran Ley de la Compensación descrita por Ralph Waldo Emerson, pues es cierto que todo lo que un hombre hace a o por otro lo hace a o por sí mismo.

La aplicación de este principio de compartir las bendiciones sacaría la armonía del caos en la desafortunada relación existente entre la dirección y los trabajadores industriales si ambas partes lo adoptaran y vivieran de buena fe. Introduje el principio en la planta industrial de la compañía de R. G. LeTourneau, ubicada en Toccoa, Georgia, con resultados tan reveladores que los costos de producción se redujeron muy por debajo de los costos en las tres plantas adicionales de esta compañía. Además, se eliminaron por completo las quejas personales de los empleados.

¿Deseas paz mental? Pues bien, empieza por donde estás y comienza a ayudar a los que están más cerca de ti a encontrarla. Tu ayuda puede consistir solo en unas palabras de ánimo en el momento adecuado, o puede ser algo más tangible, pero sea cual sea su alcance, sentirás una reacción instantánea a tus esfuerzos en forma de mayor paz mental.

Si deseas ser reconocido favorablemente por los demás,
intenta ponerte en el papel del buen
samaritano tan a menudo como sea posible.
—NAPOLEON HILL

CAPÍTULO 2

APRENDE A VIVIR TU PROPIA VIDA

El método más practicado para controlar la mente es el hábito de mantenerla ocupado con un propósito definitivo, respaldado por un plan definitivo.

—NAPOLEON HILL

La verdad más profunda que la humanidad conoce consiste en el hecho de que el Creador le proveyó al hombre el derecho completo e inalterable de controlar su mente; dirigirla hacia el fin que él desee, sea bueno o malo, el éxito o el fracaso.

El privilegio de ejercer esta prerrogativa sobre la mente es la única cosa sobre la cual el hombre tiene completo control. Por el simple proceso de ejercer este privilegio, uno se puede elevar a grandes alturas de logro en cualquier campo o proyecto. El ejercicio de este derecho representa la diferencia principal entre los hombres que tienen éxito en la vida y aquellos que se desvían hacia el fracaso; y es obligatorio para el hombre que busca la paz mental. No puede haber paz para la mente que no está bajo el control completo de su dueño en todo momento.

Una mente controlada puede lograr gran éxito en cualquier campo que elija sin la asistencia de una educación formal. Para comprobar este hecho, observa los logros de Thomas A. Edison, quien llegó a ser el mayor inventor del mundo al guiar el trabajo de hombres formalmente educados con su propia mente controlada.

Henry Ford llegó a ser el industrial más destacado de los Estados Unidos y se hizo más rico de lo que necesitaba ser, no debido a su habilidad superior o su cerebro, sino simplemente por tomar posesión de su propia mente y dirigirla hacia un propósito definitivo de su propia elección. Él mantenía su mente tan llena con definitividad de propósito que no le dejaba tiempo para pensar en el fracaso o la derrota o el desánimo. El Sr. Ford contaba con poca educación formal y eligió un propósito definitivo mayor para el trabajo de su vida que enfrentó mucho ridículo y antagonismo de parte de un mundo hostil.

La riqueza creada y los millones de empleos provistos por estas dos mentes autocontroladas de Henry Ford y Tomas A. Edison asombran la imaginación de aun las mentes más inteligentes, y posiblemente cambiaron todo el curso de la civilización hacia una dirección más ordenada y eficiente.

¿Encontraron la paz mental Edison y Ford? Nadie podría contestar esto salvo estos mismos dos hombres, pero se sabe que obtuvieron casi todo lo que desearon, que reconocían que tal realidad no era imposible, y es seguro conjeturar que si no encontraron la paz mental, es porque no la buscaron.

Orville y Wilbur Wright aprendieron cómo vivir sus propias vidas. Su ejercicio de esta prerrogativa le dio al mundo su primera máquina voladora exitosa, una precursora de un método de transportación que tanto ha acortado la distancia entre todos los puntos de la tierra que todas las personas se han acercado más, y posiblemente aprendan a vivir juntos pacíficamente.

Como Ford y Edison, los Hermanos Wright también dirigieron sus esfuerzos hacia la obtención de un propósito definitivo que se encontró con el ridículo de un mundo incrédulo. Vale notar que el hombre que toma total posesión de su mente siempre tiene una gran capacidad para creer, mientras que el hombre que permite que su mente se vaya a la deriva sin enfoque o propósito invariablemente es un gran incrédulo.

Hace más de cuarenta años, Andrew Carnegie me vendió una idea que, hasta la fecha, ha traído riquezas en muchas formas a muchos millones de personas a través de dos terceras partes del mundo civilizado. Me vendió la idea de que yo podía tomar posesión de mi propia mente y dirigirla a la organización de una filosofía de logro personal que daría al hombre de la calle el total beneficio de conocer cómo obtener el éxito como si lo hubiera aprendido a través del método de prueba-y-error de tales hombres como el Sr. Carnegie. Yo estaba tan impreparado para esa asignación tan colosal que apenas conocía la definición de la palabra "filosofía" pero sí tenía un activo de valor incalculable: la capacidad de creer. A través de la aplicación de esa habilidad, induje a más de seiscientos de los hombres de éxito de más alto nivel de los Estados Unidos a colaborar conmigo en presentar al mundo la primera filosofía práctica del logro individual. Es más, impedí que el mundo me presionara mientras hacía el trabajo, aunque al principio me encontré con severas burlas, muchas de ellas por parte de mis familiares más cercanos, que creían que debía renunciar a mi fantástica idea e ir a trabajar.

Me mantuve firme a lo largo de veinte años de investigación no remunerada, al final de los cuales abrí un mensaje sellado que me dejó Andrew Carnegie y descubrí por su contenido que se me había encomendado la tarea de elaborar una filosofía del logro individual, que fui seleccionado en competencia con más de doscientas personas, únicamente por mi capacidad inherente de tomar posesión de mi propia mente y dirigirla hacia un fin determinado a pesar de la oposición. Mi falta de educación formal no se consideró una desventaja.

Esta experiencia personal se relata aquí para que sepan cómo llegué a creer en el poder del hábito de aprender a tomar posesión de nuestra propia mente.

Cuando la señora Schumann-Heink era muy joven, aspiraba a ser cantante. Sus padres la enviaron a un profesor de música muy conocido para que le hiciera una prueba de voz, tras lo cual el profesor le dijo: "Vuelve a tu trabajo de costurera. Puedes aprender a coser; nunca aprenderás a cantar". Ese consejo fue quizá la mayor bendición que Schumann-Heink experimentó jamás. Le inspiró la determinación de tomar posesión de su propia mente y hacer con ella lo que quisiera. En una sencilla lección, aprendió a vivir su propia vida y vivió para descubrir que la lección pagó con creces en los términos que más deseaba. Se convirtió en una aclamada diva de la ópera.

Helen Keller ha servido bien para enseñarnos el valor del control de la mente. A pesar de la pérdida de los dos sentidos más importantes, el de la vista y el del oído, la señorita Keller se apoderó de sus capacidades disminuidas y demostró al mundo entero que nuestras únicas limitaciones en el uso del poder mental son las que nos imponemos a nosotros mismos o permitimos que otros nos impongan.

DEFINITIVIDAD DE PROPÓSITO

La definitividad de propósito es el inicio de todos los logros humanos dignos de mencionar. También es un factor indispensable en la obtención de la paz mental, porque es un hecho establecido que la paz mental es algo que debemos perseguir tanto con un plan como un propósito, respaldados por la determinación de conseguirla.

Durante la última parte de la primera administración del presidente Franklin D. Roosevelt, él pidió que Henry Ford lo fuera a visitar en la Casa Blanca. La invitación causó mucho revuelo entre los periodistas, debido a que el general Hugh Johnson, entonces jefe de la malograda Administración de Recuperación Nacional o NRA (por sus siglas en inglés) había amenazado con tomar medidas contra Henry Ford por no cumplir con las normas de la NRA. Cuando Ford salió de la Casa Blanca después de la visita, los periodistas corrieron a él, queriendo saber de qué hablaron él y el presidente y la razón de su visita.

A su manera sucinta acostumbrada, Ford dijo, "A decir verdad, señores, he venido a Washington para que el presidente de los Estados Unidos vea a un hombre que no viene a buscar nada y que no quiere favores de él". La entrevista había terminado, pero probablemente no había ni un hombre entre estos periodistas que no envidiaba al Sr. Ford debido a la evidencia que él había presentado de que había encontrado la paz mental. Un hombre rico, reconocido y exitoso sin ninguna preocupación, las cuales destruyen la paz mental, era un hallazgo raro cuando toda la nación estaba sumida en su peor depresión comercial. Puede que el presidente haya estado preocupado, pero Henry Ford no.

Un análisis detallado de la trayectoria empresarial de Ford, a lo largo de más de un cuarto de siglo, reveló que su rasgo más notable, el que le ayudó a triunfar más que todos los demás rasgos, fue su gran capacidad para fijar su mente en lo que quería y mantenerla libre de todo lo que no quería.

Mis veinte años de investigación sobre la causas del éxito revelaron treinta y una causas mayores del fracaso. La primera y más frecuente era el hábito de fijar la mente en las circunstancia y cosas que uno no quiere, tales como el temor, la ansiedad, la envidia, la avaricia, la derrota y el fracaso. No puede haber paz mental donde estos y estados mentales de la mente similares prevalecen.

En una ocasión cuando le pregunté a Henry Ford cómo lograba mantener una mente positiva en todo momento, contestó: "Mantengo mi mente tan ocupada pensando en las cosas que deseo hacer que no tiene tiempo para pensar en las cosas que no deseo hacer". Y aquí tienes una fórmula excelente para acondicionar la mente para la obtención de paz.

"Y dónde," le pregunté al Sr. Ford, "consiguió el fundamente para esa filosofía sana?"

—La conseguí —contestó—al reconocer que mantener mi mente fija en las cosas que deseaba hacer siempre traía maneras y medios para conseguirlas, mientras que pensar en los obstáculos que posiblemente me entorpecieran traía, con la misma seguridad, la derrota".

El éxito de Ford se puede describir en una sola frase: fijó su mente en la tarea de construir el automóvil más confiable del mundo al precio más bajo posible para los dueños y nunca paró hasta que viera su propósito definitivo cumplido.

El cementerio automovilístico literalmente está lleno de posibles competidores de Ford. Casi todos comenzaron con más educación, más capital, más conocimiento del "cómo" en el campo automotriz que él cuando comenzó, pero ninguno siquiera se acercó a alcanzarle en cuanto a logros prácticos.

Repasé las trayectorias de muchos de estos hombres y descubrí, entre muchos otros hechos interesantes, que casi todos ellos trataron de imitar a Ford en vez de esforzarse en superarlo. En vez de tener sus propios propósitos, estaban tomando prestado el propósito de Ford y se ahorcaban con el mismo. He visto lo mismo ocurrir cientos de veces, en otros campos, donde los hombres fracasaron porque no tenían un propósito definitivo propio pero trataron de tomar prestado el propósito de alguien más.

Una de las condiciones bajo las cuales Andrew Carnegie me comisionó a organizar la filosofía del logro individual era que yo debía trabajar sin un subsidio de él ni de nadie más, ganando mi propia vida mientras proseguía. La condición me pareció dura entonces, pero los eventos subsecuentes comprobaron cuán sana era.

Entonces, habiendo sido arrojado así a mis propios recursos al principio, me vi obligado a empezar a utilizar los principios del éxito que estaba reuniendo para mi filosofía del éxito. Esto condujo a la aplicación inmediata del primero de los diecisiete principios del éxito, la Definitividad de Propósito, que apliqué al negocio de capacitar a vendedores, con el cuale gané suficiente dinero para ayudarme a continuar mis veinte años de investigación. Además, me llevó a descubrir una sólida filosofía que beneficia a toda persona que la utiliza, y que se puede enunciar en una sola frase:

Cada adversidad conlleva la semilla de un beneficio equivalente.

Lo que parecía una adversidad, debido a la dura condición que el Sr. Carnegie me había impuesto, resultó en cambio una gran bendición, y condujo a uno de los diecisiete principios del éxito a través del cual uno puede transmutar todos los fracasos y todas las derrotas temporales en factores de éxito de poder equivalente.

La definitividad del propósito es un gran estimulador de la imaginación, como demostró Henry Ford cuando dio instrucciones a sus ingenieros para que dibujaran los planos de un bloque de cilindros de un motor fundido en una sola pieza en lugar de las dos acostumbradas entonces.

"Eso," dijo uno de los ingenieros, "es imposible".

"Usas esa palabra *imposible* descuidadamente", exclamó Ford. "Anda, inténtalo". Se probó un plan tras otro sin éxito. La razón del fracaso de los planes, como dijo Ford más tarde, era el hecho de que aquellos ingenieros se habían vendido con esa palabra imposible y se esforzaban por cumplirla.

Finalmente, Ford dio la orden al departamento de ingeniería de "dejar de trabajar en todos los demás proyectos hasta que aprendan a fundir un bloque de cilindros en una sola pieza". Unas horas más tarde, se envió de la fundición un bloque de cilindros fundido en una sola pieza. Uno de los hombres que decidió que había que hacerlo se decidió a experimentar con el metal en la fundición en lugar de primero hacerlo en papel en la sala de dibujo, y encontró la respuesta.

Henry Ford necesitaba capital, mucho capital, para llevar adelante su vasto imperio industrial. Decidió obtenerla de fuentes que no reclamaran el derecho, a cambio, de controlar su negocio. Ideó un plan a través del cual obtuvo su capital de trabajo de los hombres que más se beneficiarían de sus operaciones, los distribuidores de sus automóviles. Y las obras de Ford siguen en manos de la familia Ford, gracias a su uso de la definitividad del propósito.

EL PODER MÁGICO DE CREER

Al final de la Primera Guerra Mundial, un joven soldado que había estado en el servicio vino a verme para que le ayudara a encontrar un trabajo. Desde el principio, anunció: "Todo lo que busco es alimento seguro; un lugar para dormir y lo suficiente para comer". La mirada de sus ojos, una especie de mirada vidriosa, me decía que la esperanza estaba muerta en su corazón. Era un hombre dispuesto a conformarse con la vida si solo podía contar con tener alimento seguro, cuando yo sabía muy bien que, si se le hacía cambiar de actitud mental, podría fijarse como meta ganarse una gran cantidad de dinero y conseguirla.

Algo dentro de mí me impulsó a hacer esta pregunta: "¿Te gustaría convertirte en multimillonario? ¿Por qué conformarse solo con tener alimento cuando puedes conformarte con tener millones de dólares con la misma facilidad?"

—Por favor, no intente ser gracioso conmigo —exclamó—Tengo hambre y necesito la seguridad de que tendré qué comer.

—No —respondí—. No intento hacerme el gracioso contigo. Hablo en serio, y puedo ayudarte a ganar millones si estás dispuesto a usar los activos que tienes y a fijar tu objetivo en las cifras más altas."

—¿Qué quiere decir con activos? —preguntó.

—Pues, los activos de una mente potencialmente positiva —respondí—.Ahora hagamos un inventario y averigüemos qué activos tangibles posees en forma de habilidad, experiencia y similares. Empezaremos por ahí.

Al preguntarle, descubrí que este joven soldado había sido vendedor de cepillos de puerta a puerta antes de ir a la guerra. Además, durante la guerra había pasado mucho tiempo en la cocina y había aprendido a cocinar.

Por lo tanto, sus activos totales consistían en su habilidad para cocinar y su experiencia anterior en las ventas. En la vida ordinaria, ni la cocina ni las ventas podrían elevar a un hombre a la categoría de multimillonario, pero este joven soldado fue sacado de la "vida ordinaria" por el proceso de presentarle su propia mente y venderle su capacidad de lograr cualquier cosa que pudiera concebir y creer.

Durante las dos horas que había estado hablando con este joven, mi propia mente había estado trabajando, analizando las potencialidades de sus dos activos. Juntando estos dos activos, la habilidad para vender y la habilidad para cocinar, rápidamente los ensamblé en un plan por el cual él podría convertirlos en una fortuna de proporciones considerables.

—Ahora, si yo estuviera en tu lugar —sugerí— esto es lo que haría. Utilizaría mi habilidad para las venta para convencer a las amas de casa de que invitaran a sus vecinos a una cena en casa. Yo entonces cocinaría esa cena con una batería de aluminio especial y, una vez servida la cena, aceptaría pedidos de juegos completos de la batería utilizada. Si hubiera veinte invitados, estoy seguro de que vendería a la mitad de ellos mis utensilios de cocina".

—Muy bien —respondió el soldado— "pero ¿dónde voy a dormir y qué voy a comer mientras hago todo esto?, y además, ¿dónde voy a conseguir el dinero con el que comprar la batería de cocina?".

¿No es extraño cómo la mente humana con frecuencia brinca a todo lo negativo, resume todos los obstáculos que se pueden encontrar, cuando se le presenta una oportunidad?

—Deja que yo me encargue de eso —respondí—. Tu trabajo es ponerte en un estado de ánimo en el que desees convertirte en multimillonario vendiendo utensilios de cocina. Haz tu trabajo correctamente, y yo haré el mío. ¿Has oído hablar de Henry Ford? Bueno, él fundó y está operando la planta industrial más grande del mundo sin dinero, sin patrocinadores, sin el tipo de ayuda que te estoy ofreciendo. Y tuvo mucha menos educación que tú. Y otra cosa que deseo que recuerdes: Deja de tener una opinión tan pobre de ti mismo y empieza a creer que puedes hacer cualquier cosa que te propongas".

—Mientras te pones en pie —continué— ocuparás la habitación de huéspedes en mi casa. Puedes usar mi cuenta a crédito en los grandes almacenes Marshall Field's para conseguirte la ropa adecuada. Y yo firmaré como garantía para el stock necesario de utensilios de cocina con el que empezarás.

—¡Dios mío! —exclamó—. Usted, un mero extraño, ¿va a hacer todo esto por mí sin saber nada de mí? Bueno, si usted tiene tanta fe en mí, estoy seguro de que puedo hacer lo que me diga.

—Ahora, esa es la forma en que deseo oírte hablar —respondí—. Vayamos de camino a casa para cenar y seguir planeando esta noche.

"¡Una gran oportunidad para un extraño!", ¿te oigo exclamar? No, una gran oportunidad para compartir mis bendiciones con otros, acercándome un paso más a la paz mental que entonces buscaba.

Casi al final de los primeros cuatro años de este joven en la venta de utensilios de cocina de aluminio, regresó a verme y a pagar lo que me debía. Me entregó un cheque en blanco con su nombre firmado y me dijo: "Ponga la cantidad que desee, hasta un millón de dólares".

Había enseñado a otros a vender utensilios de cocina con sus métodos, y gracias a sus servicios había acumulado algo más de 4.000.000 de dólares, todo ello en efectivo. Completé el cheque por unos modestos 10.000 dólares y se lo devolví para que lo guardara como un recuerdo del día en que se conoció a sí mismo, esa persona que no había visto antes. Y estaba mucho más cerca del secreto de la paz mental de lo que jamás había estado.

Este fue el comienzo de una extensa industria que ahora opera en toda la nación, vendiendo utensilios de cocina de aluminio y acero inoxidable por el método que le enseñé a este joven soldado. Uno de mis amigos, Clarence Marsh, que dirige la sucursal de Saint Louis de la Century Metalcraft Corporation, que vende utensilios de cocina según este plan, tiene unos 150 vendedores trabajando para él, ninguno de los cuales gana menos de 500 dólares al mes, y muchos ganan cuatro veces esa cantidad, gracias a un plan que creé con el propósito de ayudar a un joven merecedor a ayudarse a sí mismo.

Así que puedes ver que cuando rompes los lazos que atan una mente humana y presentas al dueño de esa mente su verdadero ser, no solo te acercas a alcanzar la paz mental, sino que me imagino que las puertas del infierno tiemblan de miedo y las campanas del cielo suenan de gloria.

Sí, ¡hay un poder verdaderamente mágico en creer! Por eso, exhorto a mis amigos a que lo prueben y se convenzan. Empieza por creer en ti mismo. Sigue adelante, creyendo en la nación más grande concebida por la mente del hombre, los Estados Unidos. Y por último, recuerda que la libertad garantizada a cada ciudadano de esta gran nación es un antecedente necesario para alcanzar la paz mental.

CAPÍTULO 3

CIERRA LAS PUERTAS A LO DESAGRADABLE DEL PASADO

El significado de la palabra "transmutar" es, en lenguaje sencillo, "el cambio o transferencia de un elemento, o forma de energía, en otro."
—NAPOLEON HILL

Nada podría estar más muerto que tu pasado, así que si quieres tener paz mental, debes aprender a cerrar las puertas a todas las experiencias pasadas que te causaron dolor. Desenterrar las experiencias tristes del pasado y quedarse con ellas es peor que desenterrar gatos muertos.

Solo recuerda que cada experiencia desagradable que has tenido llevaba consigo la semilla de un placer o beneficio equivalente. Si tienes que pensar en esas experiencias, aprende a transmutarlas en algo beneficioso al buscar esa semilla de beneficio equivalente. Puede que la semilla consista en alguna lección útil que solo podrías haber aprendido con una experiencia triste.

¿Qué pasa si la experiencia sí dejó heridas feas en el corazón? La semilla de un beneficio equivalente puede consistir en el hecho de que el corazón tiene el poder de sanar todas las heridas, incluso otras que pueda recibir en el futuro.

Cierra la puerta a las experiencias feas, a las desilusiones y a las frustraciones. El Gran Sanador Universal, el TIEMPO, no solo sanará las heridas, sino que también condicionará la mente para revelar la semilla de un beneficio equivalente disponible a través de estas experiencias.

Cuando le cierres la puerta a cualquier parte de tu pasado que no desees volver a vivir jamás, asegúrate de enterrar muy bien los clavos para que no tengas la tentación de asomarte a la grieta para ver qué ha pasado con la experiencia que has desechado.

Recuerda, estás buscando el camino hacia la paz mental. El camino no conduce hacia atrás para que atravieses el cementerio de las esperanzas muertas y de las experiencias desagradables que todo ser humano experimenta a lo largo de su vida.

A medida que el alimento físico que ingieres pasa por tu cuerpo, tu sistema extrae de él aquellas porciones que son necesarias para la salud y el mantenimiento de tu cuerpo, desechando el resto como residuos que deben ser eliminados antes de que se conviertan en un veneno mortal.

Tu mente funciona de manera similar en su reacción al alimento mental que le das a través de tus experiencias diarias, algunas de las cuales son buenas para tu bienestar y otras que tienen que ser eliminadas antes de que también se conviertan en venenos mortales.

Cuando hayas encontrado la paz mental, tu mente rechazará automáticamente todo pensamiento y toda reacción mental que no sea beneficiosa para tu bienestar. Mientras tanto, antes de que te gradúes a este deseable dominio de tu mente, encontrarás que es necesario desechar voluntariamente todas las influencias mentales negativas que no quieres que se conviertan en parte de tu carácter.

El "desprendimiento" consistirá en formar el hábito de transmutar todos los pensamientos negativos en reacciones positivas. "¿Cómo se hace esto?", te preguntarás. Simplemente apartando tus pensamientos de las experiencias desagradables y dirigiéndolos a las circunstancias agradables. Demostremos cómo se puede hacer esto con el siguiente ejemplo:

Has sufrido una gran desilusión porque alguien no ha correspondido a tu amor. La herida está fresca y es tan profunda que crees que nunca podrá ser sanado. Desaparece esa idea. "Nunca" es mucho tiempo. Empieza donde estás y redirige tus emociones amorosas hacia alguna otra persona. Luego dale al TIEMPO, el gran sanador, la oportunidad de trabajar para ti. En cuestión de días, o semanas a lo sumo, empezarás a preguntarte cómo has sido tan afortunado de tener que redirigir tus emociones amorosas hacia una persona más acogedora y quizás más encantadora.

La alternativa a este procedimiento, la que suelen seguir los que nunca encuentran la paz mental, es hibernar en un periodo de melancolía hasta perder la mejor parte de tu mente.

Cierra bien la puerta a ese viejo amor, después de haber hecho un inventario retrospectivo de él y haber descubierto que la semilla de un beneficio equivalente que produjo consiste en que enriqueció tu alma y te obligó a buscar y encontrar un amor mayor. ¡Ninguna experiencia amorosa se pierde jamás! Porque hay algo en la mera expresión de la emoción del amor que enriquece para siempre el alma del amante, independientemente de que el amor sea o no recíproco.

Las frustraciones transmutadas en el amor han sido las grandes reveladoras de genios a través de las épocas del pasado. Y las transmutaciones de otras clases de experiencias tristes también han sacado a la luz a genios que nunca se habrían revelado sin estas experiencias.

La experiencia de Thomas A. Edison, al ser expulsado de la escuela porque su profesor creía que tenía una mente "incapaz", fue la chispa que despertó sus poderes escondidos de genio y dio al mundo su más grande inventor.

La única aventura delictiva de William Porter, mejor conocido como O. Henry, que resultó en una condena en la prisión, se transmutó en el descubrimiento de su talento como escritor que lo convirtió en un inmortal de la literatura.

Las frustraciones de Jack London durante la primera parte de su vida, incluyendo los trabajos sin futuro, la enfermedad y el tiempo en la cárcel por la vagancia, se transmutaron en novelas que lo convirtieron en una figura internacional durante su vida.

Charles Dickens sufrió una gran decepción en relación con su primera relación amorosa. En lugar de saltar del edificio más alto o tomar una sobredosis de somníferos, transmutó su amor no correspondido en su mayor obra literaria, David Copperfield, una obra maestra que le abrió una carrera que le coronó con gloria y riquezas dignas de un rey.

Abraham Lincoln, el Gran Emancipador, nació en la pobreza y el analfabetismo y parecía destinado, desde el principio de su vida, a sufrir casi todas las formas de derrota conocidas por el hombre. Se dedicó a trabajar en tiendas, pero fracasó en ello. Se dedicó a la ingeniería, pero el comisario vendió sus instrumentos de topografía para saldar sus deudas. Se dedicó a la jurisprudencia, pero ganó pocos casos. Pero la tragedia suprema de su vida le esperaba con la muerte de Ann Rutledge, la única mujer a la que amó de verdad. Esa trágica experiencia penetró profundamente en el alma de Lincoln y reveló al mundo a uno de los grandes líderes de todos los tiempos. Transmutó su mayor tragedia en su mayor éxito y se convirtió en el mejor presidente de los Estados Unidos.

Cuando tienes ganas de quejarte por alguna experiencia desagradable, cambia tu mente y dirige tu atención a algo por lo cual puedas expresar entusiasmo. Esta es una transmutación que da buenos resultados.

CAPÍTULO 4

CÓMO TOMAR POSESIÓN DE TU ACTITUD MENTAL

> Hay muy poca diferencia entre las personas, pero esa pequeña diferencia hace una gran diferencia. La pequeña diferencia es la actitud. La gran diferencia es si es positiva o negativa.
>
> —NAPOLEON HILL

Tu actitud mental, en cualquier momento dado, es el punto de enfoque en el que puedes tomar el control total y completo de tu propia mente y dirigirla a cualquier fin que desees, o, al no hacerlo, permitir que te lleve a donde no deseas ir.

Tu actitud mental es la compuerta, por así decirlo, a través de la cual puedes controlar tus reacciones mentales a todas las experiencias, tanto las agradables como las desagradables. Es una válvula de seguridad proporcionada por la Naturaleza como medio de control sobre todo el poder mental que uno tiene. Es el punto en el que uno puede trazar todos los planes para el éxito, o, por negligencia, permitir que el fracaso tome el control.

La actitud mental de uno puede ser controlada por el deseo o el motivo. Hay nueve motivos básicos que son responsables de prácticamente todos los actos y acciones del hombre, por medio de los cuales se hace que la vida de uno deletree É-X-I-T-O o F-R-A-C-A-S-O.

Son:

1. La emoción del AMOR

2. La emoción de las RELACIONES SEXUALES

3. El deseo por la GANANCIA MATERIAL (dinero)

4. El deseo por la AUTOPRESERVACIÓN

5. El deseo por la AUTOEXPRESIÓN

6. El deseo por la LIBERTAD DE CUERPO Y MENTE

7. El deseo por la PERPETUACIÓN DESPUÉS DE LA MUERTE

Y dos negativos:

1. La emoción de LA IRA Y LA VENGANZA

2. La emoción del TEMOR

Todo lo que uno hace o se abstiene de hacer voluntariamente puede trazarse a uno o más de estos nueve motivos básicos. Enfatizamos aquí el hecho de que la paz mental solo se alcanza por medio del ejercicio máximo de los siete motivos positivos, nunca por el ejercicio de los dos motivos negativos. Sin embargo, a pesar de esta verdad, la gran mayoría de las personas quedan influidas a lo largo de su vida por los dos motivos negativos, y por lo tanto se han convertido en un boleto para el fracaso a través de la aplicación errónea de su poder mental, el cual fácilmente les traería el éxito si su actitud mental se invirtiera de lo negativo a lo positivo.

Si deseas tener paz mental, suprime los dos motivos negativos, o transmuta tu reacción a ellos en alguna forma de esfuerzo positivo, y luego haz uso de los siete motivos positivos como un medio para mantener tu actitud mental positiva. No solo encontrarás el verdadero camino hacia la paz mental, sino que lograrás el éxito material en cualquier grado de abundancia que demandes.

No puedes tener paz mental mientras temas a algo o a alguien. No puedes tener paz mental mientras estés motivado por el deseo de venganza o el deseo de herir a otro; no importa cuál sea la justificación de ese deseo. "Todo lo que el hombre siembra, eso también cosechará". Toda siembra tiene lugar primero en la mente del individuo a través de su actitud mental.

Los grandes hombres no tienen tiempo que perder en el deseo de perjudicar a los demás. Si tuvieran tiempo para dedicar a este propósito, no serían grandes hombres; serían solo la variedad común y corriente de la que la humanidad en general consiste en un porcentaje abrumadoramente grande, en comparación con aquellos que alcanzan la grandeza a través de la autodisciplina.

Tu actitud mental es la que hace de tu mente una fuerza de atracción que experimentas durante toda tu vida. Porque puedes controlar tu actitud mental, puedes determinar si las cosas y circunstancias que atraes hacia ti te ayudarán o dificultarán la búsqueda de la paz mental.

Tu cerebro está constantemente activo, tanto mientras duermes como cuando estás despierto, emitiendo tus propias vibraciones de pensamiento y recogiendo las vibraciones que emiten otros cerebros. Al captar las vibraciones de pensamiento emitidas por otros, tu cerebro selecciona las que armonizan con tu propia actitud mental. Si tu actitud es predominantemente negativa, atraerá pensamientos afines que confundirás con los tuyos, y estos pensamientos negativos darán definitivamente a tu mente una actitud mental de "no se puede". Si tu actitud mental está dominada por alguna combinación de los siete motivos positivos, atraerá hacia ti vibraciones de pensamientos afines hasta que tu actitud mental se convierta en un poder de "lo puedo hacer". Entonces estarás listo para llevar a cabo tus planes con gran éxito.

Además, tendrás paz mental.

Los pensamientos son realmente cosas, y vuelven para bendecir o maldecir a quienes los emiten, tanto si la emisión es voluntaria como accidental. Henley tenía esta verdad en mente cuando escribió:

Soy el dueño de mi destino.

Soy el capitán de mi alma.

Puedes llegar a ser el dueño de tu destino, el capitán de tu alma, solo al tomar plena posesión de tu propia mente y enfocarla en los motivos positivos que te llevan directamente a las cosas y circunstancias de la vida que más deseas, incluyendo la paz mental.

El privilegio de tal control es la única cosa sobre la que tienes un poder completo. Pero es suficiente para todas tus necesidades si haces uso de él.

Deseas la paz mental, la mayor de todas las riquezas disponibles para el hombre. Muy bien, empieza a usar los siete motivos básicos positivos a través de los cuales puedes atraer todo lo que necesitas para la paz mental. Y comienza ahora, justo donde estás.

> **La forma más segura de encontrar la paz mental es la que ayuda al mayor número de personas a encontrarla.**
>
> **—NAPOLEON HILL**

CAPÍTULO 5

LLEGA A CONOCER A TU "SER INTERIOR"

La única persona en todo este mundo a través de cuyos esfuerzos puedes ser supremamente feliz BAJO TODAS LAS CIRCUNSTANCIAS, y, a través de cuyo trabajo puedes acumular toda la riqueza material que puedes usar legítimamente, ¡eres TÚ MISMO!

—NAPOLEON HILL

Cuando te miras en un espejo, solo ves la casa en la que vive tu verdadero yo. Tarde o temprano, la casa se derrumbará y volverá al polvo de donde vino; el que la habita volverá al océano eterno de la Inteligencia Infinita de donde vino y se convertirá en parte de esa Inteligencia, llevándose los beneficios de toda una vida de experiencia humana adquirida en la lucha de la vida.

Conozcamos mejor a esa gran y poderosa entidad que vive en la casa que llamas tu cuerpo, porque es la única que guarda el secreto de la paz mental. Es la creadora de todas tus alegrías, de todas tus penas; de todos tus éxitos y de todos tus fracasos; de tu enfermedad y de tu salud; de tus miserias y de tu paz mental.

Esta entidad invisible que habita en tu interior lleva a cabo, hasta el más mínimo detalle, todas las instrucciones que le das, pero no intenta determinar para ti la naturaleza de esas instrucciones. Eres un agente libre a la vista de esta entidad oculta, estrictamente por tu cuenta, con el poder de moldear y dirigir tu Ser Interior hacia cualquier fin que desees. Esta profunda prerrogativa es el único gran activo que posees y que puedes controlar exclusivamente, y es la única característica que te distingue de todas las demás criaturas de la tierra.

Si tu pensamiento se dirige preponderantemente hacia y acerca de la pobreza, tu Ser Interior, o mente subconsciente, traducirá ese pensamiento en términos de pobreza. Si los pensamientos acerca de las riquezas predominan en tu mente, el Ser Interior te dirigirá infaliblemente a las formas y medios de adquirir riquezas. Estas afirmaciones no son meras opiniones mías. Son bien conocidas por todos los hombres científicos y por muchos laicos como verdades probadas basadas en leyes inexorables de la Naturaleza.

El Dr. Elmer R. Gates, de Chevy Chase, Maryland, descubrió este Ser Interior y se situó en términos tan íntimos con él que podía entrar en su "cuarto de silencio" con cualquier tipo de problema mecánico o técnico y salir con la solución un alto porcentaje de veces, con frecuencia en cuestión de minutos. De este modo, perfeccionó casi trescientas patentes, algunas de ellas básicas.

La técnica empleada por el Dr. Gates para dirigir su Ser Interior es interesante e informativa. Construyó una sala de meditación especial en su casa y la hizo aislar con serrín entre dos paredes pesadas para poder eliminar la mayoría de los sonidos exteriores. En esta sala, colocó una pequeña mesa y una silla de madera y, sobre la mesa, un bloc de papel y algunos lápices.

Cuando tenía un problema que deseaba someter a su Ser Interior, entraba en esta habitación a prueba de sonido, apagaba las luces, se sentaba a la mesa con lápiz y papel, enfocaba su atención en el problema en cuestión, se desconectaba de todos los demás pensamientos de su mente consciente y esperaba a que las ideas se presentaran. Muy a menudo, la información que buscaba se presentaba en cuestión de minutos. Entonces encendía las luces y anotaba lo que le venía a la mente.

De este modo, le fue revelado al Dr. Gates, por ejemplo, el principio por el cual los barcos sin tripulación podían ser guiados desde tierra por medio de prismas de luz. Sin duda, sus descubrimientos en este campo, que se remontan a finales de la década de 1890, fueron los precursores de todos los métodos que ahora se utilizan para el guiado de robots y el radar.

En una ocasión, cuando yo estaba dando una conferencia sobre la ciencia del éxito en la Universidad de Harvard, describí detalladamente muchos de los logros del Dr. Gates. Al final de la conferencia, un estudiante se levantó de su asiento y preguntó: "¿Podría decirnos por qué el Dr. Gates murió sin haber acumulado dinero si tenía el poder de la visión interior que usted ha descrito?"

Habiendo estado asociado con el Dr. Gates como su secretario durante tres años y medio, tenía la respuesta a esa pregunta. "No solo murió sin haber acumulado dinero", le contesté, "sino que quizá le interese saber que, mientras vivió, rara vez tuvo suficiente dinero para cuidar de sí mismo y de su familia. No acumuló dinero porque no dirigió su mente hacia la acumulación de dinero; no era consciente del dinero. Recuerda que el Ser Interior traduce los pensamientos dominantes de un individuo en sus equivalentes materiales precisos.

El Dr. Gates podría haber acumulado millones de dólares si lo hubiera deseado".

Me alegré de que me hicieran esa pregunta, ya que me dio la oportunidad de resaltar el hecho de que no todo el éxito puede medirse en términos de dinero. La capacitación que recibí bajo la dirección del Dr. Gates puso a mi disposición los conocimientos con los que, muchos años después, pude influir en la naturaleza para restaurar el 65% de la capacidad auditiva normal de mi hijo Blair, quien nació sin orejas ni ninguna parte del equipo auditivo natural. Me comuniqué con la mente de Blair desde el día en que nació hasta nueve años después, principalmente a través del medio de su mente subconsciente, mientras dormía.

Y también adquirí, gracias a mi capacitación con el Dr. Gates, el conocimiento que me permitió escribir una lección sobre la Fe Aplicada, que ha ayudado a millones de personas a descubrir y hacer uso de su Ser Interior. Además, este entrenamiento sentó las bases a través de las cuales finalmente encontré el verdadero camino hacia la paz mental que ahora te estoy revelando a través de estos mensajes.

Al relatar mi experiencia con el Dr. Gates, para ser justo con las generaciones más jóvenes que quizá nunca hayan oído hablar de él y de sus logros, explicaré que fue uno de los pocos grandes científicos que produjo este país en el siglo XIX. Ocupó un lugar destacado en el campo de la investigación científica y tuvo en su haber más inventos que los creados por Thomas A. Edison.

Y fue mi capacitación bajo el Dr. Gates y el Dr. Alexander Graham Bell lo que me llevó al descubrimiento de mi famosa fórmula de autodirección conocida como los Ocho Príncipes, que describiré en un mensaje posterior de esta serie. A través de la ayuda de estos Ocho Príncipes, todas mis necesidades en la vida son automáticamente atendidas, mientras estoy despierto y mientras duermo.

Los nombres de estos Príncipes son: SERCURIDAD FINANCIERA, SALUD FÍSICA SANA, PAZ MENTAL, ESPERANZA, FE, AMOR, ROMANCE, y SABIDURÍA GENERAL. Los nombres sugerirán la naturaleza del servicio que me prestan. Mi única compensación a estos Príncipes, por sus servicios, es una gratitud inquebrantable.

CAPÍTULO 6

ASÍ QUE DESEAS TENER UN EMPLEO MEJOR

Para tener éxito, tienes que encontrar la paz mental, adquirir las necesidades materiales de la vida y, sobre todo, adquirir la felicidad. Todas estas evidencias de éxito comienzan en forma de impulsos de pensamiento.

—NAPOLEON HILL

No te gusta tu trabajo porque te pagan muy poco y tienes que trabajar demasiado para lo que te dan. ¿Describe bien tu problema? Pues anímate y mira al futuro, porque hay una salida para ti, si sigues las instrucciones.

Empecemos por donde estás ahora, suponiendo que eres algo así como los dos ratones atrapados en una trampa. Se pusieron a discutir sobre cuál de ellos se comería el queso que los atrajo a la trampa. "Adelante, cómete el queso", dijo el ratón sabio. "Lo único que quiero es una hoja de ruta que me saque de esta trampa".

Digamos que TÚ eres el tipo de ratón sabio. Permíteme hablarte de otro hombre que se encontró justo donde tú estás hoy, en una trampa, en un trabajo que no le gustaba, buscando una salida. La hoja de ruta que utilizó para mejorar su posición podría servirte también a ti. Aquí la tienes:

La historia comienza en el Departamento de Fundición de la Compañía R. G. LeTourneau de Georgia, el lugar más indeseable para trabajar de toda la planta por el calor, el humo y la suciedad. Veinte hombres trabajaban en ese departamento; uno de ellos tomó la decisión de promoverse a sí mismo para poder salir de allí.

Observando que casi todos los hombres que trabajaban con él pasaban una gran parte del día quejándose de su desagradable trabajo, a este hombre se le ocurrió una idea que no solo le sirvió para salir de su indeseable trabajo, sino que le atrajo mayores y mejores oportunidades hasta que, finalmente, llegó una que lo colocó en un exitoso negocio propio que ahora dirige, con la paz mental añadida.

Uno a uno, vendió a sus compañeros del Departamento de Fundición la idea de buscar algo en sus trabajos por lo que pudieran estar agradecidos y expresar su gratitud por escrito a la gerencia. La idea corrió como la pólvora. Muy pronto dejaron de salir quejas de la Fundición. Además, en ese departamento ocurrió algo extraño que lo sacó de los "números rojos" en los gastos de funcionamiento, donde había estado durante años, y lo convirtió en uno de los departamentos más lucrativos de toda la planta. Naturalmente, eso condujo a un aumento de los salarios de los trabajadores.

El hombre que soltó esta extraña influencia fue ascendiendo de un trabajo a otro hasta llegar a la cumbre con esa empresa. Mientras tanto, su reputación se había extendido por toda la comunidad, y empezó a recibir ofertas de las empresas más conocidas con sueldos que nunca había soñado recibir. Una de ellas fue de la compañía telefónica. Otra de la compañía eléctrica y otra de un gran fabricante de muebles.

Una revista nacional publicó un reportaje sobre este hombre excepcional, que se había labrado una reputación por el simple hecho de crear una atmósfera positiva en su lugar de trabajo, y ese reportaje atrajo la atención de un hombre muy rico que puso el capital de trabajo necesario para que este hombre emprendiera su propio negocio de fabricación.

La última vez que hablé con este hombre, le pregunté si podía decirme, en una breve frase, qué había provocado un cambio tan grande en su vida. "Sí", respondió. "Creo que puedo. Dejé de mirar el agujero de la dona y empecé a mirar la dona misma". Muy bien dicho. Cambió su actitud mental, y todo lo que afectaba a su vida entera cambió con ella. Este proceso está al alcance de todo hombre que no esté satisfecho con su suerte en la vida y esté dispuesto a seguir una filosofía sólida para cambiar su vida.

Recuerda que el punto de partida está en la mente de cada uno, donde la actitud mental puede y tiene que ser controlada. Todo trabajo provee dos beneficios: uno es el dinero que viene en el sobre de pago; el otro es la oportunidad para que una persona demuestre su habilidad. Esta última es la mayor ventaja de las dos porque puede ampliarse a todo lo que uno exija de la vida, mientras que la primera está limitada por la competencia de otros que se dedican al mismo tipo de trabajo.

La oportunidad puede ser tomada por cualquier persona sin la ayuda o el consentimiento de los demás mediante el simple proceso de "ir más allá de lo esperado", como lo hizo el trabajador de la Fundición. Esto significa prestar más y mejor servicio del que se le paga y hacerlo con una actitud mental agradable. El hombre en un trabajo pequeño puede, de esta manera, hacerse tan valioso que su empleador no puede permitirse mantenerlo allí. Vale más en un trabajo más grande, más alto en la escalera.

Rara vez hacen los hombres uso del principio de "Ir más allá de lo esperado" como un plan para una mayor oportunidad y una mayor compensación. El hombre promedio es algo así como el sujeto que Henry Ford me describió una vez. El Sr. Ford entrevistó a varios hombres para un trabajo importante que deseaba cubrir. Uno de los solicitantes parecía más prometedor que los demás, así que Ford le preguntó cuánto salario necesitaba, a lo que el hombre respondió: "Todo lo que pueda conseguir".

—Bien —dijo Ford— no sé cuánto vales, y aparentemente tú tampoco, así que propongo que lo hagamos así: te pones a trabajar en el puesto y demuestras tu capacidad durante un mes, al final del cual te pondremos en nómina por todo lo que vales.

—Ni hablar —exclamó el aspirante— porque donde trabajo ahora gano más que eso.

Ford dijo que la experiencia posterior con este hombre demostró que había dicho la verdad.

La paz mental; un trabajo o negocio responsable y bien remunerado y el éxito en los niveles superiores son algunas de las recompensas que recibe el hombre que ayuda a enriquecer las vidas y las mentes de los que le rodean con su propia actitud mental. Andrew Carnegie dijo una vez que un hombre con una actitud mental negativa influiría y descoloriría las mentes de todos los hombres en su derredor, aunque nunca abriera la boca. Por otro lado, pagaba de buena gana a Charles

M. Schwab hasta 1.000.000 de dólares al año en compensación extra, por encima de su salario habitual, debido a la fina calidad de la actitud mental que el Sr. Schwab difundía en las obras con su personalidad.

El salario de Schwab, en el punto máximo de su asociación con Carnegie, era de 75.000 dólares al año. Eso era por el trabajo en sí que realizaba. El hecho de que con frecuencia recibiera más de diez veces esa cantidad por la actitud mental que llevaba consigo se debía a que su excelente estado de ánimo beneficiaba a miles de otros trabajadores de las plantas de Carnegie. Y es que Schwab comenzó como un obrero ordinario, con un salario de cincuenta centavos al día. Se promocionó a sí mismo en el trabajo más grande de la fábrica con la única cosa que realmente controlaba: su propia mente.

Con esto concluye mi serie de mensajes sobre cómo lograr la paz mental. Por favor, pon en práctica estas lecciones, y estará a tu alcance.

FORTUNA PARA COMPARTIR: CÓMO ADAPTARTE A LA LEY DE LA COMPENSACIÓN

SI NO ERES UN ESTUDIANTE DE EMERSON, ahora es el momento oportuno para convertirte en uno. Empieza por leer su ensayo sobre la compensación, que es obligatorio para la persona que busca la paz mental.

La primera vez que leas este ensayo, puede que no le saques mucho provecho, pero espera hasta que lo hayas leído varias veces. Entonces empezarás a comprender la futilidad de preocuparte por circunstancias que no puedes controlar.

Además, aprenderás que las leyes de la Naturaleza se han establecido para la eternidad. Nadie las puede eludir ni influenciar, ni nadie puede suspender su funcionamiento para ningún propósito.

Sin embargo, hay un beneficio que puedes obtener de las leyes inmutables de la Naturaleza: puedes adaptarte a ellas y moverte en armonía con ellas y así evitar las inevitables e infelices consecuencias de ignorar esas leyes. No puedes empujar las leyes de la Naturaleza, pero puedes ponerte delante de ellas y dejar que te empujen en la dirección que desees si buscas la paz mental.

Te conviene reconocer, aquí y ahora, que si quieres encontrar la paz mental y conservarla, debes convertirte en un filósofo. Un filósofo es aquel que analiza todas las cosas, incluyendo las circunstancias que influyen en la vida de los hombres para bien o para mal, por causas y efectos.

Si el filósofo se enferma físicamente, busca conocer la causa de su dolencia y la forma más rápida de eliminarla. Si busca riquezas materiales, busca las causas que dan lugar a la acumulación de riquezas y hace uso de esas causas. Si se encuentra con alguna forma de desastre, busca la causa para evitar que se repita. Si desea la paz mental, busca todos los factores que abren el camino a la paz mental y los adopta como propios, que es lo que presumiblemente estás haciendo al leer este ensayo.

El filósofo evita la mayor parte de las causas de dolor que sobrevienen a la mayoría de las personas porque observa constantemente los errores de los demás y saca provecho de ellos antes de que se conviertan en sus propias experiencias.

Cuando el filósofo desea echar un vistazo al futuro, no busca la ayuda de las estrellas, ni mira en una bola de cristal, sino que hace un inventario del pasado, porque sabe que la historia tiene una forma de repetirse.

Y siendo un filósofo, sabe que todo mal de cualquier naturaleza, y toda circunstancia que no esté en armonía con el plan general de la Naturaleza para el funcionamiento del universo, será eliminada con el TIEMPO.

En sus tratos comerciales, el filósofo no busca obtener una ventaja injusta sobre los demás, no tanto por su honestidad inherente como por su temor a las consecuencias. Sabe que los tratos injustos conllevan una pena muy superior a los beneficios temporales que puedan aportar al hombre que se entrega a ellos.

El filósofo sabe que los pensamientos son cosas; que cada pensamiento que envía, ya sea bueno o malo, regresa a su debido tiempo para maldecirlo o bendecirlo, según su naturaleza. Es más, sabe que cada pensamiento enviado vuelve muy multiplicado y trae consigo una gran familia de sus parientes.

El filósofo sabe que todo lo que haga a o para otro lo hace a o para sí mismo. Así que, abre el camino a la paz mental compartiendo sus bendiciones con los demás. Sabe muy bien que en cada circunstancia de esta índole planta la semilla de la oportunidad de beneficiarse a sí mismo, que madurará en una rica cosecha tan seguramente como la noche sigue al día.

El verdadero filósofo nunca calumnia a otra persona por ningún motivo. Cuando siente que debe expresar su justa indignación con respecto a las faltas de otros, como todos los seres humanos lo hacen a veces, no la habla; la escribe, la escribe en la arena, cerca de la orilla del agua. Y espera que ningún hombre pase por allí hasta que suba la marea.

El verdadero filósofo nunca asume el papel de reformador, pues reconoce que la auténtica reforma debe venir del propio individuo, inspirada por sus propios deseos, o forzada por las penas de sus propios errores. Además, sabe que algunas de las mayores lecciones de la vida, que cada uno debe aprender por sí mismo, provienen de las heridas de sus propios errores y no a través de los consejos de otros. Vuelve a tus días pasados y mira si no encuentras justificación para esta afirmación.

Cada vez que se me ocurre intentar reformar a alguien, descarto la idea lo más rápidamente posible y pienso en aquella experiencia de mi juventud cuando pagué un dólar por una botella de cerveza en mi primera y última visita a un bar clandestino. Pensé que el precio sería de diez centavos, lo mismo que en la taberna de la esquina. Ahora sé que ni todos los sermones de los virtuosos contra los males de los bares clandestinos me habrían servido tanto como aquella inversión de un dólar, porque un dólar era solo unos cuantos centavos menos que todo el dinero que yo poseía.

De nuevo, el filósofo sabe que "vivimos y aprendemos". Si es un filósofo verdaderamente profundo, tal vez crea que el principal propósito de la vida es dar a las personas la oportunidad de aprender de sus propias experiencias, así como de sus observaciones de las experiencias de los demás. Los sermones que supuestamente deben reformar rara vez producen resultados.

Cuando pienso en el valor de las lecciones aprendidas de las experiencias duras, me recuerda otra experiencia que tuve cuando era muy pequeño. Mi abuelo me llevó con él en un viaje a las orillas del río Powell, en Virginia, donde acudió con su carro tirado por caballos para traer una carga de heno. En el camino de vuelta, un joven sabelotodo, orgulloso por ser "citadino", se subió a la carreta y dijo: "Llévame, Patán". Mi abuelo no respondió. Cuando llegamos a la casa de mi abuelo y empezamos a entrar en su granero, el joven preguntó: "Oye, ¿a qué distancia está Big Stone Gap desde aquí?". "Bueno", respondió mi abuelo, "si empiezas a caminar de regreso de donde vinimos, son unas 20 millas. Si sigues adelante por donde íbamos, son unas 25.000 millas".

Nunca me olvidaré de la expresión de la cara de aquel muchacho cuando se bajó de la pila de heno y empezó a caminar de regreso de donde habíamos venido. Me pregunté entonces por qué no pidió información cuando se subió a la carreta. Nunca supe por qué. Pero aprendí a no repetir su error. Todo esto da una idea de lo que es un filósofo y nos lleva a algunas experiencias mías que ilustran muy bien cómo funciona la Ley de Compensación en la vida cotidiana de las personas.

El brazo de la Ley de Compensación es muy largo. No tiene en consideración ni los impedimentos ni el tiempo. Y tiene en alta consideración cada circunstancia de la vida de un individuo, de cada uno de sus pensamientos así como de todos sus hechos. Ven, veamos cuán largo es este brazo en relación con una de mis experiencias personales más recientes que involucró a la Ley de Compensación.

Debido a una de mis aventuras que me dio algo de experiencia valiosa, pero poco más, me vi en la necesidad de despojarme de todas mis posesiones materiales y empezar totalmente de nuevo, financiera, mental y espiritualmente. No es una experiencia inusual, lo admito, ya que muchos otros hombres se han encontrado en la misma situación, pero la parte de la experiencia que fue inusual la relataré ahora en detalle, ya que implica la manera en que me adapté a la gran Ley Universal de la Compensación, de modo que todas mis pérdidas fueron recuperadas con creces, con interés compuesto sobre interés compuesto, por así decirlo.

Les contaré la historia desde su inicio en el distrito comercial del centro de Atlanta, Georgia, donde estaba visitando a mi amigo, Mark Wooding, un antiguo socio comercial que había abierto recientemente una gran cafetería en el mismo corazón de la sección comercial de la ciudad.

Mark me informó que tenía serias dificultades con su negocio, debido a que no había tenido en cuenta el hecho de que las casas comerciales del centro de Atlanta cierran temprano cada noche, después de lo cual el distrito en el que se encontraba se asemeja a un cementerio. Su negocio del almuerzo era espléndido, pero el negocio a la hora de la cena, que debería haber sido el más lucrativo, era insignificante.

Para cuando terminó su relato, yo ya tenía la respuesta a su problema. Wooding necesitaba ofrecer a la gente un motivo para cenar en la sección comercial del centro de la ciudad, aparte de obtener buena comida. Podían conseguir buena comida en muchas otras partes de la ciudad donde los negocios seguían activos durante la noche o en casa.

Como la mayoría de las personas que tienen problemas apremiantes, la ansiedad de Mark por la falta de clientes le había impedido dar rienda suelta a su imaginación lo suficiente como para permitirle encontrar la respuesta a su problema.

Yo también tenía problemas, problemas serios. Pero mucho antes había aprendido que cuando uno tiene un problema tan grande que no puede encontrar su solución, lo mejor que puede hacer es buscar a alguien con un problema mayor y empezar a ayudarle a encontrar su solución. Eso es precisamente lo que hice después de escuchar la historia de Mark Wooding.

Miré a mi alrededor y me di cuenta de que tenía un hermoso y amplio comedor en el que podían sentarse varios cientos de personas. Sus instalaciones eran magníficas. Era un local nuevo y estaba situado en una de las mejores esquinas, cerca de los medios de transporte y del estacionamiento. Mi imaginación no tardó en dar con la respuesta al problema de Mark. Yo simplemente organizaría una serie de conferencias sobre mi Filosofía del Logro Individual y daría mis clases todas las noches en el comedor de Mark. Las conferencias se darían gratis a todos los que vinieran a cenar y se quedaran para las conferencias. El cheque de la cena era el boleto de entrada a las conferencias.

Anunciamos este plan a través del periódico local. También enviamos anuncios impresos a todas las casas comerciales del distrito. La primera noche, rechazamos a más personas de las que podíamos sentar. Y a partir de entonces, rara vez hubo una noche en la que no rechazáramos a un gran número de personas. Las cenas de Mark se convirtieron en la mayor parte de su negocio en un tiempo récord.

¿Y el costo? Solo el costo de la publicidad. Mis servicios fueron donados sin cargo como mi contribución a un amigo que necesitaba una mano amiga, que yo estaba dispuesto a prestarle. Recuerda este punto. Es una parte importante de esta historia.

Habiendo ayudado a mi amigo a resolver su problema, yo estaba bien encaminado hacia la solución del mío, aunque en ese momento no lo sabía, ya que no había llegado a mi atención ninguna evidencia visible de beneficios para mí. Pero observemos cómo ese largo brazo de la Ley de Compensación trabaja silenciosamente, a menudo inadvertido. Recordemos también la profunda advertencia de Emerson: "Haz la cosa y tendrás el poder".

Pues bien, yo había "hecho la cosa", y lo había hecho con un espíritu desinteresado, activado únicamente por el deseo de ser útil a mi amigo en un momento de necesidad. Nunca me paré a preguntar: "¿Qué voy a sacar de esto?". Era suficiente compensación para mí tener el privilegio de prestar un servicio real a un amigo que lo merecía, con tan poco esfuerzo por mi parte. Le estaba sirviendo porque me daba placer servirle. Estaba realizando una labor de amor, haciendo lo que más me gustaba hacer.

Si hubiera podido leer la bola de cristal correctamente en este punto, habría visto, en este servicio que había prestado a mi amigo, el giro decisivo más importante de toda mi vida, un hecho que muy pronto será obvio para ustedes. ¿Qué iba a obtener de mis servicios? Solo el tiempo dirá la historia completa, pues la recompensa está todavía en marcha.

Antes de esta experiencia, la mano del destino se había detenido para mí durante algún tiempo. Ahora comenzó a moverse de nuevo. Y mi estrella de Esperanza estaba de nuevo en ascenso. Había sanado mis propios males ayudando a un amigo a sanar los suyos. Si consigo que captes este punto, puede que tengas motivos para decir que este ensayo ha marcado el giro decisivo más importante de tu vida. Recuerda:

Yo había sanado mis propios males al ayudar a un amigo a sanar los suyos. Repite esta frase con frecuencia, ¿quieres? Y haz algo al respecto a la primera oportunidad que se te presente. Si no se presenta ninguna oportunidad, ¡haz una! Te llevará muy lejos en la dirección de la paz mental, muy cerca de la revelación del secreto supremo de la paz mental.

Mis conferencias sobre la filosofía del éxito en el restaurante de Wooding atrajeron a una gran variedad de personas, entre ellas muchos ejecutivos de alto nivel de empresas e industrias del centro de Atlanta. En el grupo había un ejecutivo de la Compañía Eléctrica de Georgia que quedó tan impresionado por las conferencias que me invitó a ser el orador invitado en una reunión privada de los principales funcionarios de varias compañías eléctricas del sur del país.

En esa reunión se reveló el segundo de una serie de episodios dramáticos que cambiarían todo mi destino. Cuando terminé de hablar con los funcionarios de estas empresas, Homer Pace, un ejecutivo de la Compañía Eléctrica de Carolina del Sur, se presentó y me informó que había sido un estudiante de mi filosofía durante muchos años.

"Tengo un amigo", dijo, "al que quiero que conozca. Es el presidente de una pequeña universidad y posee una gran imprenta. Habla tan bien su idioma que sospecho que también es uno de sus alumnos. Tengo la corazonada de que ustedes dos deben asociarse en los negocios. Escríbele, ¿le parece?"

Seguí su sugerencia y envié al presidente de la universidad y al publicador una breve nota en la que describía mi conversación con el ejecutivo de la compañía eléctrica. No esperó a responder a mi nota por escrito, sino que fue inmediatamente a Atlanta a visitarme. Hablamos durante un par de horas y luego terminamos nuestra visita con un acuerdo verbal por el cual me trasladaría a su ciudad natal y comenzaría de inmediato a reescribir toda mi Filosofía del Éxito en base a los apuntes que había tomado durante mis conversaciones personales con mi patrocinador, Andrew Carnegie.

El primero de enero de 1941, después de haberme trasladado a su ciudad, comencé a trabajar en diecisiete volúmenes, bajo el título de *Dinamita Mental*, felizmente inconsciente de que una figura silenciosa e invisible estaba a mi espalda, mirando por encima de mi hombro mientras trabajaba y cambiando mi destino con cada palabra que escribía.

Durante once meses continuos trabajé en esos manuscritos como nunca antes había trabajado en nada. Transmuté literalmente el impacto de una de las peores experiencias de mi vida, un desagradable divorcio, en "Dinamita Mental", y poco me di cuenta de la gran influencia que esta interpretación de mi filosofía estaba destinada a alcanzar.

Inconscientemente, estaba experimentando la verdad de una afirmación que había hecho con tanta frecuencia durante mis conferencias: "La vida nunca le quita nada a nadie sin darle algo de igual o mayor beneficio a cambio".

Todavía estaba demasiado cerca de la herida abierta de mi matrimonio roto como para reconocer su valor para cambiar el curso de mi vida. Habiéndome perdido en el servicio a los demás, a través de la escritura de los nuevos manuscritos, pronto me lavé mis propias perturbaciones mentales y despejé el camino hacia una paz mental como nunca antes había conocido.

Mientras tanto, algo mucho más beneficioso para mí se abría paso en mi vida, sin que yo lo reconociera en ese momento. Antes de que describa este episodio que iba a cambiar definitivamente el curso de mi vida y que comenzó con el servicio gratuito que había prestado a mi amigo Wooding, observa que yo había enfocado toda mi vida en mi trabajo. No buscaba el romance, y en cuanto a la idea de volver a casarme con alguien, era algo que no podía suceder, así lo creía yo, lo que me recuerda esa cita tan acertada "El hombre propone; Dios dispone".

Sospecho que si el publicador sureño hubiera podido prever el desenvolvimiento de este episodio antes de traerme a esta ciudad como socio de negocios, nunca habría hecho el trato conmigo. Pronto sabrás por qué.

Ahora viene la siguiente recompensa de la Ley de Compensación, que era tan adecuada por su propia naturaleza para llenar todos los vacíos en mi vida que había dejado las frustraciones anteriores. Cuando me trasladé a la pequeña ciudad de Clinton, en Carolina del Sur, para escribir estos volúmenes, tenía un apartamento en la misma casa que la secretaria privada del publicador. Durante los primeros meses después de mi llegada, solo vi a la secretaria en su despacho. En el despacho, la veía muchas veces al día, ya que a menudo tenía ocasión de hacer negocios a través de ella.

Ella había estado asociada en el negocio con dos generaciones de la familia del publicador y tenía una posición de gran responsabilidad, en la que era bastante feliz. Estoy seguro de que el matrimonio era lo más lejos de su mente en todas sus relaciones conmigo. Cuando todavía era bastante joven, su padre falleció, dejándola como "cabeza de familia", y ella asumió la responsabilidad de ayudar a educar a sus hermanas menores. Entre las responsabilidades de la familia y las de mantener un trabajo de ejecutiva, tenía poco tiempo para pensar seriamente en casarse con alguien.

Mi relación con la secretaria empezó a tomar otra dirección después de varios meses, ya que de vez en cuando la invitaba a dejar sus obligaciones y acompañarme a cenar y quizás a algún espectáculo en las ciudades cercanas. Descubrí que en el momento en que se despojaba de su dignidad empresarial fuera de su oficina y se desprendía de las responsabilidades familiares, era una personalidad encantadora.

De hecho, pronto descubrí que, tanto en apariencia física como en personalidad, ella era casi un duplicado perfecto de la mujer más maravillosa que había llegado a mi vida: mi madrastra. A partir de ese momento, el panorama comenzó a desarrollarse rápidamente. Los viajes en auto en los que ella me acompañaba se convirtieron en algo frecuente. Los domingos por la mañana siempre escuchábamos los servicios de radio del Tabernáculo Mormón cuando paseábamos en auto por el campo.

Entonces llegó ese día histórico, el 7 de diciembre de 1941, cuando las fuerzas japonesas atacaron Pearl Harbor. El impacto de esa conmoción en mi publicador fue tan grande que puso fin a nuestro acuerdo comercial de forma abrupta, y yo me fui de la ciudad de Carolina del Sur para hacerme cargo de un importante encargo en la Compañía R. G. LeTourneau de Georgia.

Allí estaba destinado a encontrarme con la mayor oportunidad de mi vida para demostrar la solidez de mi filosofía como creador de relaciones armoniosas entre los empresarios y sus empleados.

Durante casi dos años, tuve la oportunidad inigualable de compartir mis bendiciones con los dos mil empleados de LeTourneau. Tenía privilegios de carta blanca en la planta de LeTourneau, y no tenía que rendir cuentas a nadie más que a mí mismo.

Con la debida modestia, puedo decir sinceramente que mi influencia en la planta de LeTourneau cambió para bien a todas las personas que trabajaban allí, incluyendo la alta dirección. Y al ayudar así a los demás, senté las bases para otro traslado que estaba destinado a allanar el camino para que mi filosofía sirviera a toda la industria como había servido a la empresa LeTourneau y a sus empleados. Ese traslado requería un cambio de residencia a Los Ángeles, la capital de las producciones cinematográficas.

El día antes de irme a la Costa Occidental, añadí a la secretaria de Clinton como miembro vitalicio de mi grupo Master Mind, en calidad de esposa, secretaria y socia. Ahora estamos entrando en el decimocuarto año de esta asociación, con una perspectiva de oportunidad de servicio a la humanidad como nunca soñé experimentar.

Sospecho que cuando dejé Carolina del Sur justo después del ataque a Pearl Harbor, mi publicador no pensaba que volvería de Georgia y me llevaría uno de sus tesoros más importantes. Y la ironía de todo esto consiste en que él asistió a la ceremonia de matrimonio.

En una visita posterior a Carolina del Sur, vimos al publicador por última vez. Yacía en un ataúd en medio de un gran banco de flores. Mientras estaba allí y lo miraba en su último sueño, no pude evitar pronunciar una oración de gratitud por su influencia en el cambio del destino de mi vida, así como de la de mi esposa, ya que hemos encontrado juntos la paz mental suficiente para compensar todas las heridas que hemos experimentado en el pasado. Ahora estamos comprometidos en una labor de amor y tratamos de ayudar a otros a encontrar el camino hacia el Santo Grial de la vida.

Sí, el brazo de la Ley de Compensación es muy largo. A través de cuatro dramáticos episodios, ha llegado desde la Cafetería Wooding en Atlanta, Georgia, hasta Los Ángeles. Me está llevando paso a paso hacia un destino aún desconocido, donde, espero, tendré aun mayores oportunidades de ayudar a hombres y mujeres a encontrar la paz mental, así como la prosperidad material.

He relatado esta historia con todos sus detalles esenciales para mostrarte cómo funciona a menudo la Ley de Compensación. No logra los objetivos yendo directamente de la causa al efecto, sino por el método progresivo, como en mi caso, dando un paso a la vez y cambiando de rumbo con frecuencia.

De todos los lugares que conozco en los Estados Unidos, esa pequeña ciudad de Carolina del Sur es el último lugar que habría elegido voluntariamente como el lugar propicio para recuperarme de un revés mental. Sin embargo, algún poder invisible me guió silenciosamente a esa ciudad y me mantuvo allí mientras completaba uno de los más útiles de todos mis trabajos sobre la filosofía del éxito, y ese mismo poder me trajo una de mis mayores bendiciones. Luego, una vez terminada la tarea, me levantó igual de silenciosamente y me empujó hacia oportunidades más grandes y brillantes.

Esta es solo una de las muchas experiencias similares que he tenido y que me llevan a la conclusión de que hay fuerzas invisibles y silenciosas que influyen en todos nosotros constantemente. Algunas son positivas y otras negativas. Algunas son buenas para nosotros; otras son muy perjudiciales. El propósito de este ensayo es mostrarte cómo elegir las fuerzas amistosas de entre las no amistosas y cómo hacer que las fuerzas favorables sean tus aliadas.

Por supuesto, estoy soy plenamente consciente de que hay quienes pueden criticarme por las referencias tan personales que se describen en este ensayo, pero esto no me molesta en absoluto, no más, de hecho, que si hubiera recurrido a la técnica que tan a menudo utilizaba mi amigo, el fallecido Edward Bok, editor de la revista mensual para mujeres, *Ladies' Home Journal*, y quien transmitía sus ideas escribiéndose a sí mismo cartas sobre temas controvertidos utilizando seudónimos y respondiendo después a ellas en las columnas de su revista.

Justo después del final de la Segunda Guerra Mundial, vi un libro titulado "Escribo como quiero". Me gustó mucho el título, siempre que dijera la verdad, porque cualquier hombre que se atreva a escribir como le plazca ya ha recorrido un gran trecho hacia la obtención de la paz mental, basada en el tipo de libertad personal que todos los hombres codician. Sospecho que mucho de lo que se escribe para ser publicado sobre la mayoría de los temas se escribe para complacer al lector, complaciendo sus prejuicios y creencias establecidas, más que para expresar la verdad tal y como la ve el escritor.

Hubo un tiempo en el que un impresionante cuerpo de críticos repasaba cada línea que yo escribía antes de que mis escritos llegaran a la imprenta. Esa época ya pasó. Ahora escribo "como me place" y dejo que las cosas caigan donde pueden.

Hagamos ahora una breve visita a Ralph Waldo Emerson, a través de su ensayo sobre la Compensación. Tal visita nos revela importantes verdades que conducen a la paz mental a través de una mejor comprensión de las leyes de la Naturaleza.

Todo acto se recompensa a sí mismo, o, en otras palabras, se integra de manera doble; primero, en la cosa, o, en la naturaleza real; y segundo, en la circunstancia, o en la naturaleza aparente.

Los hombres denominan a la circunstancia la retribución. La retribución causal está en la cosa y es vista por el alma. La retribución en la circunstancia es vista por el entendimiento; es inseparable de la cosa, pero a menudo se extiende durante un largo plazo de tiempo; por lo que no se distingue hasta después de muchos años. El castigo específico puede llegar tarde después de la ofensa, pero sigue porque la acompaña. El crimen y el castigo crecen de un mismo tallo. El castigo es un fruto que madura inadvertidamente dentro de la flor del placer que lo ocultó. Causa y efecto, los medios y los fines, la semilla y el fruto, no pueden separarse, porque el efecto ya florece en la causa, el fin preexiste en el medio, el fruto en la semilla.[1]

Si reduces el párrafo anterior del lenguaje abstracto en el que está expresado y lo replanteas en términos concretos, tendrás un análisis perfecto de los cuatro episodios de mi vida que comenzaron en el restaurante de Wooding en Atlanta. La causa de estos episodios consistió en un simple acto de servicio prestado a un amigo necesitado. El efecto, cuatro veces alejado de la causa, me hizo asentarme firmemente en el fundamento mismo de todo lo que conduce a la paz mental.

En el siguiente párrafo, Emerson expresa su comprensión de ese poder silencioso e invisible al que me he referido anteriormente:

Los hombres sufren toda su vida bajo la tonta superstición de que pueden ser engañados. Pero es tan imposible que un hombre sea engañado por alguien aparte de él mismo, como que una cosa sea y no sea al mismo tiempo. Hay una tercera parte silenciosa en todos nuestros tratos. La naturaleza y el alma de las cosas toman sobre sí la garantía del cumplimiento de todo contrato, de modo que el servicio honesto no pueda terminar en pérdida. Si sirves a un amo ingrato, sírvele más. Pon a Dios en deuda. Todo golpe será devuelto. Cuanto más tiempo se retenga el pago, mejor para ti; porque el interés compuesto sobre el interés compuesto es la tasa y el uso de este erario.[2]

Y de nuevo, en los párrafos siguientes, Emerson ofrece ánimo a la persona que aún no ha aprendido que toda adversidad lleva consigo la semilla de un beneficio equivalente:

Los cambios que interrumpen a cortos intervalos la prosperidad de los hombres son anuncios de una naturaleza cuya ley es el crecimiento. Cada alma, por esta necesidad intrínseca, abandona todo su sistema de cosas, sus amigos, y su hogar, y sus leyes, y su fe, como el crustáceo se desprende de su bella pero dura caja, porque ya no le da lugar para su crecimiento, y lentamente forma una nueva casa...

Y, sin embargo, las compensaciones de la calamidad se hacen evidentes al entendimiento también, después de largos intervalos de tiempo. Una fiebre, una mutilación, una cruel decepción, una pérdida de riqueza, una pérdida de amigos, parecen en el momento una pérdida impagable e irrecuperable. Pero los años seguros revelan la profunda fuerza reparadora que subyace a todos los hechos. La muerte de un amigo querido, de una esposa, de un hermano, de un amante, que no parecía más que una privación, asume algo más tarde el aspecto de una guía o de un genio; porque comúnmente opera revoluciones en nuestro modo de vida, pone fin a una época de la infancia o de la juventud que esperaba ser cerrada, termina con una ocupación acostumbrada, o un hogar, o un estilo de vida, y permite la formación de otros nuevos más amigables con el crecimiento del carácter. Permite o constriñe la formación de nuevas amistades, y la recepción de nuevas influencias que resultan ser de primera importancia para los años siguientes; y el hombre o la mujer que hubiera permanecido como una flor de jardín soleada, sin espacio para sus raíces y con demasiado sol para su cabeza, debido a la caída de los muros y el descuido del jardinero, se convierte en el banyán del bosque, dando sombra y fruto a vecindarios amplios de hombres.[3]

Si Emerson no hubiera escrito las líneas anteriores mucho antes de que yo naciera, bien podría creer que me estaba escribiendo directamente a mí, pues la filosofía que ha expresado se ajusta perfectamente a mis experiencias. Y mis experiencias han demostrado la solidez de la filosofía de Emerson.

Los puntos de vista de Emerson sobre el tema del temor, tal como se expresan en el siguiente párrafo, fueron los responsables de una autoimpuesta limpieza de casa que emprendí hace muchos años, por medio de la cual eliminé de mi mente todos los lugares de cultivo del temor en todas sus formas:

El temor es un instructor de gran sagacidad, y el heraldo de todas las revoluciones. Una cosa que siempre enseña es que hay putrefacción donde aparece. Es un cuervo carroñero, y aunque no veas bien para qué revolotea, hay muerte en alguna parte. Nuestra propiedad es tímida, nuestras leyes son tímidas, nuestras clases cultivadas son tímidas. El temor, durante siglos, ha presagiado, triturado y fustigado nuestro gobierno y nuestra propiedad. Ese pájaro obsceno no está ahí por nada. Indica grandes errores que se tienen que revisar.[4]

Y sea cual sea la tendencia que yo pude haber tenido hacia la envidia de personas aparentemente más afortunadas, esa tendencia fue eliminada por la influencia del siguiente párrafo del ensayo de Emerson sobre la Compensación:

Todo exceso provoca un defecto; todo defecto un exceso. Todo dulce tiene su agrio; todo mal, su bien. Cada facultad que es receptora de placer tiene una pena igual para su abuso. Ha de responder por su moderación con su vida. Por cada grano de ingenio hay un grano de locura. Por todo lo que se ha perdido, se ha ganado algo más; y por todo lo que se gana, se pierde algo. Si las riquezas aumentan, aumentan los que las usan. Si el recolector recoge demasiado, la naturaleza saca del hombre lo que pone en su pecho; expande a la hacienda, pero mata al propietario. La naturaleza odia los monopolios y las excepciones. Las olas del mar apenas consiguen tener un nivel a causa de su más elevado oleaje cuando las variedades de condición tienden a igualarse. Siempre hay alguna circunstancia niveladora que pone al prepotente, al fuerte, al correcto, al afortunado, sustancialmente en el mismo terreno que todos los demás.[5]

Fue el párrafo anterior de las obras de Emerson el que me hizo retroceder de la falsa noción de buscar el éxito a través de la acumulación de "cosas" y me inició en el camino superior hacia el éxito por medio de prestar un servicio útil y, por lo tanto, poner a la gente en deuda sin exigir o esperar el pago, excepto por la voluntad del deudor. Esto me puso en el camino hacia la paz mental.

Aunque he puesto a prueba los puntos de vista de Emerson sobre la Ley de la Compensación mediante mis propias experiencias y los he encontrado basados en la verdad eterna, sospecho que no obtendrás el beneficio completo de su filosofía si no mides tus propias experiencias con ella. Y a menos que seas mucho más perspicaz que yo durante mi primera lectura de las obras de Emerson, me imagino que las considerarás como una especie de predicación abstracta sobre las leyes morales de la vida.

Cuando estudies los ensayos de Emerson, empezarás a pensar de una manera nueva. Te verás obligado a hacerlo si quieres entender sus escritos. Antes de poder disfrutar plenamente de la paz mental, tienes que aprender a pensar por ti mismo. La ropa de segunda mano puede ser usada; los automóviles de segunda mano pueden ser conducidos, pero los pensamientos de segunda mano son inútiles o peligrosos.

"Ten cuidado", dijo Emerson, "cuando el gran Dios deja suelto a un pensador en este planeta. Entonces todas las cosas están en riesgo. Es como cuando una conflagración ha estallado en una gran ciudad, y ningún hombre sabe qué es seguro, o dónde terminará. No hay una pieza de la ciencia, pero su flanco puede ser volteado mañana; no hay ninguna reputación literaria, ni los llamados nombres eternos de la fama, que no puedan ser injuriados y condenados. Las mismas esperanzas del hombre, los pensamientos de su corazón, la religión de las naciones, las costumbres y la moral de la humanidad, todo está a merced de una nueva generalización."[6]

Y sí, los hombres que piensan por sí mismos determinan la tendencia de nuestra civilización. Esto siempre ha sido cierto; siempre será cierto. Los únicos hombres libres son los que han aprendido a pensar por sí mismos.

Después de exprimir al máximo las obras de Emerson, yo seguía teniendo sed de más de la verdad que él expresaba tan definitivamente. Mi sed me llevó, finalmente, a la revelación de la mayor ley de la Naturaleza, la ley que sirve de contralor de todas las leyes naturales. La he llamado la Ley de la Fuerza Cósmica de los Hábitos. Abarca todo lo que Emerson describió en su ensayo sobre la Compensación y mucho más que él no había descubierto. Pero fue el ensayo de Emerson sobre la Compensación el que me envió al acecho, en busca de algo que reconocí que él no había descubierto, y lo encontré.

NOTAS

1. Ralph Waldo Emerson, "Compensation," *Essays* (Boston: James Munroe and Co., 1841), 85.

2. Ibid., 98.

3. Ibid., 102–04.

4. Ibid., 92.

5. Ibid., 81–82.

6. Ralph Waldo Emerson, "When God Lets Loose a Thinker," *Busy Man's Magazine*, November 1, 1908, https://archive.macleans.ca/article/1908/11/1/when-god-lets-loose-a-thinker.

LA REVISTA

"HILL'S GOLDEN RULE"

(LA REGLA DE ORO DE HILL)

LOS TRAFICANTES DE ESCÁNDALOS

ENERO 1919

Si tienes que calumniar a alguien, no lo digas, pero escríbelo
en la arena, cerca de la orilla del agua.

El reptil más peligroso que se arrastra por esta vieja tierra no es la serpiente gruesa, de cabeza plana y venenosa, sino el sigiloso y astuto reptil humano cuya lengua se mueve, sin freno, por ambos extremos.

Hace algún tiempo, mi secretaria llamó a un hombre por teléfono con la intención de concertar una cita para que viniera a verme. Tenía en mente emplear a este hombre, y el puesto habría pagado 3.000 dólares al año, ¡o más!

Sin embargo, antes de que se concertara la cita, se mencionó el nombre de un hombre al que este solicitante conocía, e inmediatamente comenzó a difamar y denunciarlo. ¡Era "un canalla, un ladrón y un mentiroso"! No había nada demasiado malo que decir sobre él. Cuando mi secretaria me informó de lo sucedido, cancelé el compromiso con este hombre, porque resultaba que el hombre al que denunciaba con tanta vehemencia era mi amigo personal, y sabía que no había ni una palabra de verdad en lo que este otro hombre había dicho de él.

Solo para satisfacer mi curiosidad, llamé a este amigo mío por teléfono y le pregunté qué sabía de la persona que lo había denunciado con tanta vehemencia. De esto me enteré (sin decirle a mi amigo lo que el otro hombre había dicho de él): que no había conocido a ese hombre en su vida; que uno de sus conocidos, con el que había tenido un malentendido en los negocios y al que se había visto obligado a demandar por daños y perjuicios, era cuñado de ese hombre.

Entonces llamé a este hombre por teléfono y le pregunté de dónde había sacado la información sobre mi amigo y, cuando lo acorralé, admitió que todo lo que sabía era de oídas.

El poder de la sugestión es un poder maravilloso. Se requiere una gran fuerza de voluntad para resistir y negarse a aceptar la más mínima sugerencia despectiva acerca del carácter de otra persona. La reputación de muchas mujeres inocentes se ha visto dañada simplemente por un gesto de la cabeza o un guiño de un joven vulgar en la esquina de la calle.

Sé por experiencia propia lo difícil que es abstenerse de decir cosas sobre las personas que es mejor no decir. Solo en los últimos cinco o seis años he aprendido a refrenar mi propia lengua y a escuchar los nombres de aquellos cuyos esqueletos podría sacar a relucir sin soltar mi lengua sobre ellos.

Conoces a John Brown. Sabes algo sobre su vida doméstica o privada que podría avergonzarlo a los ojos de sus conocidos si hablaras. Es difícil abstenerse de hablar. Sé lo difícil que es, pero ten en cuenta que es posible que John Brown sepa algo relativo a tus antecedentes que no te agradaría que se difundiera ante tus amigos y conocidos, como un morboso festín de escándalos. Cuando te sientas inclinado a hablar o incluso a sugerir algo que pueda herir el orgullo o el carácter de otra persona, ponte en su lugar, e imagina que la persona a la que estás a punto de atacar eres TÚ.

¡Entonces verás lo diferente que es!

Son pocas las personas que no tienen algún pequeño incidente en su vida que no desean que se difunda ante el público. Ningún hombre tiene derecho a sacar el esqueleto familiar de un conocido y exhibirlo al público.

De todos modos, ¡no es un buen negocio!

El mundo odia a los chismosos. La persona que escuche tu historia de escándalo pensará menos de ti a partir de entonces. Y, si es la clase correcta de persona, te evitará, porque sabrá que "el perro que trae un hueso se irá llevando otro consigo".

No te puede beneficiar decir una palabra poco amable contra cualquier persona, aunque puedas estar justificado al hacerlo. La razón es que no solo te rebajas en la estimación de la persona a la que le hablas, sino que te desmoralizas a TI MISMO en tu propia estimación, te des cuenta o no.

Cada vez que cedes a esa disposición inherente de la naturaleza humana de hablar en términos cínicos y vulgares de tus semejantes, añades otro ladrillo al edificio de tus cualidades negativas. Te alejas mucho más de ese estado de serenidad, de esa disposición de dulzura hacia la humanidad que esperas alcanzar algún día.

Ten en cuenta también que un hombre nunca cae tan bajo, sino que hay mucho bien en él, si se desarrolla y se saca a la luz. La mejor manera de sacar a relucir lo bueno que hay en un hombre es hacerle saber que crees en él: dale una buena reputación y él hará todo lo posible por estar a la altura. Por otro lado, toma a un hombre cuyo propósito en la vida es elevado e ideal y acósalo y denúncialo constantemente, y lo más probable es que, a menos que tenga una fuerza de voluntad extraordinariamente fuerte, acabe aceptando lo que le pones en la cabeza y actuando el papel que le has asignado.

¿Quién eres tú para constituirte en censor del carácter humano? ¡Esa es una pregunta que todos deberíamos hacernos! Si deseas denigrar, difamar y criticar a cualquier hombre, primero vuelve el foco de atención hacia ti mismo y mira qué puedes encontrar en ti que los que estás criticando podrían considerar problemático si no fueran más caritativos que tú.

Es más, el hábito de la lengua suelta es peligroso por otras razones además de las mencionadas. Hace unos meses, un hombre se sentó en una mesa de uno de los restaurantes de Chicago. Dos jóvenes entraron y se sentaron en la misma mesa. En ese momento, uno de ellos vio entrar a una joven, y antes de que tuvieran tiempo de ver dónde se iba a sentar, uno de ellos hizo un desagradable comentario acerca de ella. El hombre que estaba sentado a la mesa con ellos se levantó, levantó su silla y golpeó al joven que había hecho el comentario, dejándolo sin sentido, y probablemente lo habría estrangulado hasta la muerte si otros no hubieran intervenido y lo hubieran impedido. La joven que entró era la hija de este hombre. La investigación demostró que el joven que hizo el comentario no conocía personalmente a la joven.

Siempre existe la posibilidad de que te rompan el cuello por hacer comentarios acerca de otras personas, aunque sean comentarios veraces.

Si eres un hombre rico, también existe la posibilidad de que tengas que pagar una fuerte indemnización en forma de juicio por calumnia, si haces comentarios acerca de otras personas.

Pero estas no son las principales razones por las que debes refrenar tu lengua. La razón principal por la que debes hacerlo es que cada vez que la sueltas, haces que sea mucho más difícil convertirte en una persona digna, limpia y de gran espíritu. Estás desarrollando esa parte de ti mismo que debes contener y mantener a raya.

Lo único que tiene una persona es su reputación. Si eres el medio, directo o indirecto, de despojar a alguien de su reputación, eres un LADRÓN de la peor clase. Ningún ladrón que se mete a las casas ajenas puede compararse con la persona que deliberadamente, con premeditación y malicia, destruye la reputación de otro.

Se necesita toda una vida para formar una reputación sólida, y cuando robas lo que otro ha trabajado toda una vida para formar, eres la peor serpiente que se arrastra sobre la tierra.

(Por supuesto, no uso la palabra TÚ en un sentido personal).

Puede que una persona me robe la fortuna, pero pronto tendré otra, si deja en paz mi reputación. Las fortunas se crean a partir de las buenas reputaciones. Los pobres se hacen con mala reputación.

La próxima vez que te encuentres a punto de ceder a la tentación de decir algo despectivo sobre alguien que conoces, muérdete la punta de la lengua en lugar de decirlo.

Hazlo y sentirás el cálido resplandor de la satisfacción extenderse por todo tu cuerpo en el momento en que lo hagas. Lo sé, porque yo mismo lo he probado. ¡La satisfacción que le llega a la persona que podría haber difamado a un conocido pero no lo hizo es una que le traerá felicidad y autoestima!

¡Aprende el arte de perdonar y olvidar!

Si alguien te hace una injusticia, ya sea de palabra o de obra, ¡perdona y olvida! Guardar rencor contra alguien solo envenena tu propia mente y decolora tu propia disposición para que sea poco atractiva.

Cuando aprendas a perdonar, cuando aprendas a abolir el odio, cuando aprendas a contener tu lengua, cuando te sientas inclinado a no hacer comentarios poco halagadores sobre los demás, habrás aprendido a ser feliz y a ser amado por todos aquellos con los que entres en contacto.

Cuánto mejor, al hablar con otra persona, es hablar de las buenas cualidades de los ausentes de cuyos nombres hablas, en lugar de las malas cualidades, o de lo que tú crees que son sus malas cualidades. Cuando otro comienza a vituperar el nombre de un conocido, al hablar contigo, cambia la conversación tan pronto como puedas. Vuélvela hacia temas más agradables.

No puedes hacer que otra persona piense bien de ti por el mero hecho de hablar mal de un conocido. Puedes envenenar la mente de otro contra alguien, pero lo más probable es que su mente también se envenene contra ti al mismo tiempo.

¡Cosechas lo que siembras! Entonces, siembra palabras de bondad, de buen ánimo; palabras que hagan feliz a la gente. Adquiere el hábito de hacer esto y habrás recorrido un largo camino para arrancar lo rebelde de tu propio campo de vida.

Nadie ha hablado nunca de otro en términos vulgares, sin que un sentimiento de remordimiento y arrepentimiento se haya apoderado de él tan pronto como lo hizo. El traficante de escándalos sabe que está haciendo mal. Su conciencia se lo dice. Escucha la pequeña y tranquila voz y deja que te guíe en tus comentarios sobre los demás.

Este hábito, si lo practicas, te traerá las más ricas bendiciones de la vida; te ayudará a ser más feliz porque te dará un mayor respeto por ti mismo.

Si me pidieran que tomara el púlpito de algún ministro por un día, y supiera que sería mi última oportunidad de predicar un sermón, tomaría como texto el tema sobre el que he escrito en esta "visita".

El hombre que quiere manejar a otros debe aprender primero a manejarse a sí mismo, ¡particularmente su propia lengua!

Una actitud mental positiva puede eliminar todos los obstáculos que se interponen entre tú y tu principal propósito en la vida.

EL HOMBRE DE MENTE AMPLIA

ABRIL 1919

Uno de los mejores cumplidos que se le puede dar a un hombre es decir que es de mente amplia. Una de las críticas más graves a un hombre es decir que es de mente estrecha. Esto no sería así si se tratara de estados mentales fijos que un hombre no puede cambiar, como la inclinación por la música, la literatura, la mecánica, la venta, el trabajo ejecutivo o el liderazgo. Los elogios y las críticas son el testimonio universal de que la amplitud de mente es una cuestión de voluntad y que un hombre puede ser de mente amplia si así lo desea. El verdadero significado del término "mente amplia" es el siguiente: mantener la mente abierta a todas las conclusiones sobre una pequeña evidencia; no dejarse influenciar por los prejuicios, sino dar a todos el beneficio de la duda; estar dispuesto a ver lo bueno en un hombre o en una cosa; hacer concesiones adecuadas a las condiciones. La mentalidad estrecha significa justo lo contrario: dejar que los prejuicios dicten las decisiones y actitudes de uno; buscar el mal en los hombres y las cosas y pasar por alto el bien; no estar nunca dispuesto a dejar que el germen de la posibilidad se desarrolle hasta la madurez; medir todas las cosas nuevas con los estándares antiguos; tener una clasificación preparada para cada cosa nueva; mostrarse impaciente para siquiera escuchar algo que difiere de la opinión fija de uno.

Cualquier persona puede elegir cuál de estas actitudes dominará su vida con tanta seguridad como puede elegir qué libro leerá, qué tecla tocará en el piano o qué clase de alimento pedirá para su cena.

"Con todos tus defectos te sigo amando". Así canta el poeta, y lo llamamos sentimental; es decir, a primera vista lo hacemos. Pero al pensarlo dos veces cambiamos de opinión. Entonces descubrimos que los defectos y las faltas son siempre minoritarios y que la mayor parte de la naturaleza humana es tan maravillosa y tan bella que debe inspirar admiración y amor a todo el mundo. Con todos sus defectos no hay nada más interesante que los seres humanos; y la razón es que por cada defecto del hombre hay mil cualidades admirables. El poeta, inspirado por la sublime visión de la verdad, puede ver esto; por lo tanto, ¿qué puede hacer sino amar? Siempre que sus ojos se levantan y siempre que sus pensamientos toman alas, su alma declara con mayor elocuencia que nunca: "¡Qué obra más maravillosa es el hombre!"

Así, cada momento renueva su admiración, y cada pensamiento enciende el fuego de su amor.

Cuando los latinos de la antigüedad querían decir "malo, peor, lo peor", lo ponían "malus, pejor, pessimus". El grado superlativo en tres sílabas suena tan bien para expresar lo más deplorable que le hemos adjudicado al sujeto que es el "límite" en mirar siempre el lado oscuro de las cosas.

El pesimista de hoy en día, aquejado crónicamente de presentimientos sombríos, va encorvado por los bulevares y callejones como lo hacía por las carreteras y caminos de Roma, y lleva la misma etiqueta. Las curvas de su boca están inclinadas hacia abajo. Lleva un paraguas de melancolía de cara larga para evitar la luz del sol. Odia el lado soleado de la calle y arroja mantas húmedas sobre el entusiasmo. Todo lo que se le entrega le parece un limón y no toma azúcar en su limonada.

¿Te casarías con uno? ¿Tendría uno como socio comercial? ¿Comerías con uno y esperarías disfrutar de un tiempo saludable en la misma mesa? Es la mosca humana en el ungüento de la vida alegre.

AUTOCONTROL

AGOSTO, 1919

Antes de que puedas controlar las condiciones, primero
debes controlarte a ti mismo. El autodominio es el trabajo
más difícil que jamás abordarás.

Hace unos días, un hombre adinerado llamó por teléfono a la
compañía de luz eléctrica para que enviara a un electricista a encender
las luces de una casa nueva que acababa de alquilar a un nuevo
inquilino. Era tarde y los empleados no querían salir, pero finalmente
se convenció a uno de ellos para que fuera, después de que le dijeran
que las personas que acababan de mudarse estaban sin luz.

Para cuando el electricista llegó a la casa, el hombre rico que
era el propietario, junto con su juego inquilino, había encontrado
la manera de alumbrar la casa. Cuando el electricista vio que la casa
estaba alumbrada, no se detuvo a preguntar nada, sino que empezó a
maldecir al hombre rico por haberle alejado de su familia bajo falsas
representaciones. Perdió completamente el equilibrio y llamó al hombre
rico por todo lo que se le ocurrió. El hombre rico se limitó a sonreír
y le dijo al iracundo empleado: "No me ha dado tiempo a explicarle
que hemos encontrado el gas y lo hemos encendido justo antes de que

usted llegara". Entonces llamó a su chófer, tomó al obrero iracundo por el brazo y le dijo: "Lleva al caballero a su casa".

Por supuesto, no tenemos forma de leer la mente de un persona, al menos no minuciosamente; pero apostaremos unos cuantos puros a que el trabajador se sintió muy pequeño al subir al automóvil del hombre al que había dado todas las razones para sentirse insultado por su arrebato de ira y su falta de autocontrol.

Al regresar el hombre rico a la casa y reunirse con su mujer y el nuevo inquilino, a quien estaba ayudando a acomodarse en sus nuevas instalaciones, se limitó a decir: "Tuve que lidiar con un verdadero geniudo, ¿no es así?" No dio muestras de enfado. Si lo sentía, lo disimulaba cuidadosamente. Su nombre es bien conocido de costa a costa. El autocontrol no es una de las virtudes que la mayoría de la gente sabe que este hombre poseía. Nos inclinamos fuertemente a creer que este autocontrol es en gran parte, si no en su totalidad, responsable de su inmensa fortuna y de su éxito en otras direcciones.

Si deseas ejercer algún grado de control sobre otros, primero debes aprender a ejercer el control sobre ti mismo. Un hombre que "pierde los estribos" nunca podrá convertirse en un gran líder. Nunca podrá tener un gran número de amigos. El hombre que permite que otro lo arrastre a una controversia que le hace perder su autocontrol está permitiendo que esa persona lo domine. Cuando una persona te habla con un gruñido en su voz y con el ceño fruncido en su cara, responde con un tono suave y rico, con una sonrisa en tu cara, y le quitas el viento de sus velas. Estarás esgrimiendo con él un arma con la que no está familiarizado; en consecuencia, seguro que le superas en la final.

Es un asunto duro actuar de forma tan malvada que nadie pueda superarte. Es un asunto duro decir palabras ofensivas que no pueden ser duplicadas o superadas por otro. Pero, cuando ejerces un completo autocontrol y tratas a una persona airada con amabilidad y cortesía, estás haciendo uso de una fuerza y de un arma con la que la mayoría de la gente no está tan familiarizada como debería; en consecuencia, ganas sin mayor esfuerzo.

En una ocasión, este escritor perdió la calma por el mal servicio que prestaba un conserje y bajó al sótano a la habitación de ese caballero para descargar sobre él algunos buenos consejos. Después de deshacerme de la carga que le llevaba a el conserje, el hombre se apartó del horno que estaba abasteciendo, se enderezó, se limpió el sudor de su frente salpicada de carbón y, con una sonrisa en el rostro, dijo: "Hoy usted está algo excitado, ¿no es así?" ¡Lo estaba! Me daba vergüenza, pero lo estaba. Sabía que el conserje, al menos por el momento, era el hombre más dueño de sí mismo de los dos, y me avergonzaba tener que admitirlo, y mucho más disculparme con el conserje, lo que finalmente reuní el valor para hacer después de haber vuelto a subir, reflexionar sobre el asunto y bajar de nuevo al sótano.

No hay nada que aquel conserje no haría hoy por mí, porque, como él mismo dijo, "fui lo suficientemente grande como para disculparme, incluso con un pobre conserje, cuando sabía que yo estaba errado".

Nos alegramos de esa dificultad con el conserje. Nos enseñó una lección más sobre el valor del autocontrol. Nos dolió el orgullo volver a bajar a ese sótano y pedir disculpas, pero el sentimiento de satisfacción que nos invadió, al ver por la expresión de su cara que habíamos recuperado su respeto, valió toda la humillación que nos costó. ¿Has pedido alguna vez disculpas a alguien por algún mal que le hayas hecho en el pasado? Hay un gran sentimiento de satisfacción, de logro y de tranquilidad por haber pedido disculpas cuando sabías que te habías equivocado.

EL PENSAMIENTO LIBRE Y LA MENTE HUMANA

AGOSTO 1919

Cualquier influencia que restrinja a un ser humano de hacer sus propias deducciones, basadas en las impresiones sensoriales que recibió a través de sus cinco sentidos de ver, oír, oler, saborear y sentir, es una mala influencia y trabaja en oposición al progreso de la raza humana.

La raza humana está cortando rápidamente los grilletes de los dogmas y credos que niegan a la personas el derecho a pensar de forma independiente. Si dudas de esto, haz un inventario en tu propio vecindario de las personas que alguna vez asistieron a la iglesia pero que han abandonado el hábito. Entrevista a algunos de ellos y averigua por qué ya no asisten a la iglesia. Muchos no lo admitirán, pero los que tienen el valor de hacerlo te dirán con franqueza que no desean actuar como hipócritas y que, al no poder aceptar la totalidad del credo que les impone la iglesia, simplemente la abandonaron.

La mente de la raza humana exige espacio para desarrollarse, ejercer y crecer. Niégale este derecho y estarás trabajando en contra de las leyes de la Naturaleza; en consecuencia, estás destinado a fracasar.

No pretendemos tener una percepción especial de los secretos de Dios, si es que Él tiene algo así como un verdadero secreto, pero tenemos la firme idea de que Él no creó a los hombres con el objeto de subyugarlos unos a otros, o con la intención de que uno de ellos infunda temor en los corazones de los demás con la amenaza del fuego del infierno. Si tu Dios quema a los seres humanos, condenándolos a una tortura eterna por su ignorancia y su falta de fuerza con la que los creó, entonces tu Dios no es el que adoramos.

Nuestro Dios ama a la raza humana, a todos. El único castigo que permite que se inflija a cualquier miembro de la familia humana es el que nos infligimos a nosotros mismos, por nuestros propios actos, ya sean voluntarios o ignorantes. Nuestro Dios no arroja temor en los corazones de sus hijos, y no autoriza a nadie a hacerlo. Nuestro Dios nos colocó en esta tierra, no para castigar, defraudar, difamar, tachar o enfadar a nuestros hermanos, sino para extender la mano del amor fraternal y ayudar a que la travesía por la vida sea lo más agradable posible.

Nuestra esperanza es que ames a Nuestro Dios, porque no podemos amar al tuyo si no es tan bondadoso como el nuestro. No podemos amar a un Dios cruel o a uno que nos enseña a no leer lo que ha escrito, que podemos ver en cada hoja de hierba, en cada piedra, en cada arroyo que fluye, en cada árbol, en cada flor, en cada pájaro y en cada ser humano. Si tu Dios te enseña a privar a tus semejantes de su derecho a pensar por sí mismos, no podemos aceptarlo.

Esperamos que tu Dios sea el mismo que el nuestro. No sabemos qué es la mente humana, pero sí sabemos que es la causa de todos los movimientos corporales del ser humano. Sí sabemos que es una fuerza maravillosa que no existe en ninguna otra forma.

También sabemos que la mente humana crea prácticamente cualquier condición de vida que pueda imaginar, por lo que nos sentimos justificados al presuponer que sabe algo de la chispa divina que toca el éter, el mundo y todo lo que hay en él, en cada punto y en cada esquina.

Pinta en tu mente una imagen de lo que quieres y la Naturaleza puede y te ayudará a conseguirlo si mantienes esa imagen viva y haces todo lo que sabes hacer para transformar la imagen en forma concreta. No hay ningún error en esto, pero la persona a la que se le ha enseñado a no pensar por sí misma probablemente no creerá esto ni tratará de hacer uso de este principio.

Los muros de las prisiones no son los únicos lugares en los que se encarcela a los seres humanos. De hecho, hay peores formas de encarcelamiento fuera de los muros de la prisión que dentro de ellos. La persona a la que la superstición, las falsas enseñanzas, los credos y los dogmas le impiden pensar de forma independiente se encuentra en una prisión mucho más deplorable que el hombre que, dentro de los muros de la prisión, sigue ejerciendo el derecho que Dios le ha concedido de tener pensamientos basados en lo que puede ver, saborear, oler, tocar y oír.

No sabemos lo que ocurrirá después de que dejemos este planeta; tampoco lo sabe nadie, pero tenemos derecho a suponer que si Dios realmente castiga a las personas por sus malas acciones, no pasará por alto al tipo que influnde temor en el corazón de otro o le impide pensar de forma independiente.

Si quieren llenar sus iglesias, llenarlas con la sal misma de la tierra, con lo más selecto de la humanidad, dejen de lado sus palabras acerca de que Dios condena a los seres pobres y débiles a las llamas eternas y empieza a enseñar Psicología Aplicada. Enseña a tus seguidores que

Dios les dio el regalo más precioso dentro de su poder: el regalo de la mente humana, con la que pueden crear en esta tierra cualquier tipo de ambiente que deseen. Enséñales que cualquier concepto, combinación de conceptos, pensamientos o ideas que se coloquen en la mente humana y se mantengan allí, eventualmente comenzarán a tomar forma concreta. Enséñales que Dios les dio ese maravilloso taller que reposa dentro de sus corazones y cerebros, ese maravilloso arquitecto que crea todo lo que el hombre edifica, con la intención de que lo utilicen y lo desarrollen hasta un estado cada vez más elevado, hasta que la raza humana rompa completamente la cadena que la ata a la etapa animal de la evolución.

Apostamos a que el primer ministro que haga esto tendrá que fabricar nuevos asientos para acomodar a personas de su comunidad que nunca habían estado dentro de su iglesia, y otra apuesta es que un ministro que predica la Regla de Oro tal y como se aplica a los negocios y a las relaciones entre hombres y mujeres aquí en la tierra encontrará un público listo y dispuesto que llenará su iglesia a rebosar y la mantendrá llena.

Dejen de predicar el temor. No nos gusta. Estamos empezando a pensar por nosotros mismos y su doctrina del miedo no se ajusta a lo que razonamos por nosotros mismos cuando empezamos a pensar.

Puede que haya habido un momento en el proceso de la evolución de la raza humana en el que la doctrina del temor fuera esencial para mantener a raya las tendencias animales de los seres humanos. Si es así, sin duda fue durante ese período en el que los hombres y las mujeres eran incapaces de pensar inteligentemente y de razonar de la causa al efecto. Fue durante ese período cuando faltaba poco para que el ser humano civilizado se retirara de la Edad de Piedra. Puede ser que el temor fuera entonces necesario como ayuda a la evolución. Pero, si esa necesidad existió alguna vez, seguramente no existe ahora. El tiempo ha ablandado el corazón humano y lo ha hecho menos violento. Nos contenemos ahora porque estamos empezando a aprender, a través del pensamiento, que el autocontrol nos da más poder y más felicidad.

Y, si un humilde periodista se atreve a sugerirles a ustedes, señores del ministerio, ¿no creen que sería un buen plan comenzar a mostrar a los hombres y mujeres cómo ser felices aquí en esta tierra, ahora mismo, en lugar de dedicar todas sus energías a mostrarles cómo salvar sus almas en el mundo venidero?

Piénsenlo, señores. Piénsenlo bien. No es posible que dañen a sus seguidores induciéndoles a hacer uso de la filosofía de la Regla de Oro en su trato con los demás, aquí en esta tierra, y ¿no es posible que les hagan un gran bien?

EL DESEO

Cada adversidad, cada fracaso, cada desengaño, lleva consigo
la semilla de un beneficio igual o mayor.

En cada mente normal yace un genio dormido, esperando que el suave toque del fuerte deseo lo despierte y lo ponga en acción.

Escuchen, hermanos cargados de tristeza que buscan a tientas el camino que lleva de la oscuridad del fracaso a la luz del logro: hay esperanza para ustedes.

No importa cuántos sean los fracasos que hayas sufrido o cuán bajo hayas caído; ¡puedes volver a ponerte de pie! La persona que dijo que la oportunidad no llama a la puerta más que una vez estaba muy equivocada. La oportunidad está a tu puerta de día y noche. Es cierto que no golpea tu puerta ni trata de forzar su entrada, pero, no obstante, está ahí.

¿Qué si has sufrido un fracaso tras otro? Cada fracaso no es más que una bendición disfrazada, una bendición que ha templado tu metal y te ha preparado para la siguiente prueba. Si nunca has sufrido un fracaso, es de lamentar, porque te has perdido uno de los grandes procesos de la naturaleza de la verdadera educación.

¿Y si has errado en el pasado? ¿Quién de nosotros no ha hecho lo mismo? Encuentra a la persona que nunca se ha equivocado y encontrarás también a una persona que nunca ha hecho nada digno de mención.

La distancia entre el lugar en el que te encuentras ahora y el lugar en el que deseas estar no es más que un salto. Posiblemente te has convertido en una víctima de la hábito y, como muchos otros, te has enredado en un trabajo de vida mediocre. Anímate: ¡hay una salida! Posiblemente la fortuna te ha pasado por encima y la pobreza te tiene atrapado. Anímate: hay un camino hacia la felicidad y la paz mental que puedes usar inteligentemente y para tu propio bien, y el mapa de ese camino es tan simple que dudamos seriamente que lo uses. Sin embargo, si lo haces, seguro que serás recompensado.

El precursor de todos los logros humanos es el deseo. La mente humana es tan poderosa que puede producir la riqueza que deseas, la posición que codicias, la amistad que necesitas, las cualidades que son necesarias para el logro en cualquier empresa que valga la pena.

Hay una diferencia entre "anhelo" y "deseo", en el sentido al que nos referimos aquí. Un anhelo es simplemente la semilla o el germen de la cosa deseada, mientras que un "deseo" fuerte es el germen de la cosa deseada, más la tierra fértil necesaria, el sol y la lluvia necesarios para su desarrollo y crecimiento.

El deseo fuerte es la fuerza misteriosa que despierta ese genio dormido que reposa en el cerebro humano y lo pone a trabajar en serio. El deseo es la chispa que estalla en una llama en la caldera del esfuerzo humano y genera el vapor con el que se produce la acción.

Son muchas y variadas las influencias que despiertan el deseo y lo ponen en marcha. A veces lo hace la muerte de un amigo o de un pariente, mientras que otras veces los reveses financieros tienen el efecto adecuado. Las decepciones, las penas y las adversidades de toda clase sirven para despertar la mente humana y hacerla funcionar a través de nuevos canales. Cuando llegues a comprender que el fracaso es solo una condición temporal que te despierta a una mayor acción, verás, tan claramente como puedes ver el cielo en un día claro, que el fracaso es una bendición disfrazada. Y, cuando llegues a ver la adversidad y el fracaso bajo esta luz, empezarás a tener el mayor poder sobre la faz de la tierra. Entonces empezarás a sacar provecho del fracaso en lugar de permitir que te arrastre.

¡Se aproxima un día feliz en tu vida! ¡Va a llegar cuando descubras que todo lo que aspiras a lograr depende, no de otros, sino de ti! ¡La llegada de este nuevo día estará precedida por tu descubrimiento de la fuerza del deseo! Y este nuevo día se llenará de lo que más desees, ya sea dinero, amor, la satisfacción de servir a los demás, o quizás el objetivo supremo, la paz mental.

Empieza ahora mismo, hoy, a crear un deseo fuerte e irreprimible por la estación de la vida que deseas alcanzar. Haz que ese deseo sea tan pleno y completo que absorba la mayor parte de tu pensamiento. Medita en él durante el día y sueña con él por la noche. Mantén tu mente concentrada en él durante cada momento libre. Escríbelo en un papel y colócalo donde puedas verlo en todo momento. Concentra todos tus esfuerzos en su realización y, como si respondiera al toque de una varita mágica, se materializará para ti.

El punto de partida de todo logro es el deseo. Tenlo siempre presente. Los deseos débiles producen resultados débiles, al igual que un fuego pequeño produce una cantidad pequeña de calor.

APRENDE A USAR ESA
MARAVILLOSA MENTE QUE TIENES

OCTUBRE 1919

La mente humana es un compuesto de muchas cualidades y tendencias. Se compone de gustos y disgustos, optimismo y pesimismo, odio y amor, constructividad y destructividad, bondad y crueldad. La mente está formada por todas estas cualidades y más. Es una mezcla de todas ellas, algunas mentes muestran una de estas cualidades dominantes y otras mentes muestran otras dominantes.

Las cualidades dominantes se determinan en gran medida por el medio ambiente, el entrenamiento, los asociados y, en particular, por los pensamientos de uno mismo. Cualquier pensamiento que se mantenga constantemente en la mente, o cualquier pensamiento en el que se reflexione a través de la concentración y que se lleve a la mente consciente, a menudo atrae hacia él aquellas cualidades de la mente humana a las que más se asemeja.

Un pensamiento es como una semilla plantada en la tierra, en el sentido de que devuelve una cosecha según su especie, se multiplica y crece. Por lo tanto, es peligroso permitir que la mente mantenga cualquier pensamiento que sea destructivo. Tales pensamientos deben, tarde o temprano, buscar salida a través de la acción física.

A través del principio de la autosugestión, es decir, los pensamientos que se mantienen en la mente y se concentran en ellos, cualquier pensamiento pronto comenzará a cristalizar en acción.

Si el principio de la autosugestión fuera generalmente entendido y enseñado en las escuelas públicas, cambiaría todos los estándares morales y económicos del mundo en veinte años. A través de este principio, la mente humana puede deshacerse de sus tendencias destructivas, al reflexionar constantemente sobre sus tendencias constructivas. Las cualidades de la mente humana necesitan la luz del sol de la nutrición y el uso para mantenerlas vivas. En todo el universo existe una Ley de Nutrición y Uso que se aplica a todo lo que vive y crece. Esta ley ha decretado que toda cosa viviente que no es nutrida ni utilizada debe morir, y esto se aplica a las cualidades de la mente humana que hemos mencionado.

La única manera de desarrollar cualquier cualidad de la mente es concentrarse en ella, pensar en ella y utilizarla. Las tendencias malignas de la mente pueden ser borradas al matarlas de hambre mediante el desuso.

No hay nada que sepa a ocultismo en la mente humana. Funciona en armonía con las leyes y principios físicos y económicos. No necesitas la ayuda de ninguna persona en la tierra para manipular tu propia mente para que funcione como tú quieres. Tu mente es algo que puedes controlar, sea cual sea tu situación en la vida, siempre que ejerzas ese derecho en lugar de permitir que otros lo hagan por ti.

Aprende algo del poder de tu mente. Te liberará de la maldición del miedo y te llenará de inspiración, valor y felicidad

El éxito llega a aquellos que se vuelven conscientes del éxito.

CÓMO ATRAER A LAS PERSONAS A TI POR MEDIO DE LA LEY DE LA RETALIACIÓN

OCTUBRE 1919

Para lograr la fama o acumular una gran fortuna se requiere la cooperación de tus semejantes. Cualquier posición que uno ocupe y cualquier fortuna que uno adquiera debe ser, para ser permanente, por el sufrimiento de los prójimos.

No podrías permanecer en una posición de honor sin la buena voluntad del vecindario más de lo que podrías volar a la luna, y en cuanto a tener una gran fortuna sin el consentimiento de tus prójimos sería imposible, no solo tenerla, sino adquirirla en primer lugar, excepto por herencia.

El disfrute pacífico del dinero o de la posición depende, sin duda, de la medida en que atraes a la gente hacia ti. No hace falta ser un filósofo visionario para ver que un hombre que goza de la buena voluntad de todos aquellos con los que entra en contacto puede tener cualquier cosa dentro de la capacidad de las personas con las que se asocia.

El camino, pues, a la fama y a la fortuna, o a cualquiera de ellas, pasa directamente por el corazón de los prójimos.

Es posible que haya otras formas de ganarse la buena voluntad de los prójimos, aparte de la operación de la Ley de la Retaliación, pero si la hay, este escritor nunca la ha descubierto.

A través de la Ley de la Retaliación, puedes inducir a la gente a devolverte lo que les das. No hay conjeturas sobre esto, ningún elemento de azar, ninguna incertidumbre.

Veamos cómo aprovechar esta ley para que obre a nuestro favor en lugar de en nuestra contra. Para comenzar, no necesitamos decirles que la tendencia del corazón humano es devolver, golpe por golpe, todo esfuerzo externo, ya sea de cooperación o de antagonismo.

Antagoniza a una persona y tan seguro como que dos y dos son cuatro, esa persona tomará represalias de la misma manera. Hazte amigo de una persona o concédele algún acto de bondad y también te corresponderá con la misma moneda.

No te preocupes por la persona que no responde de acuerdo con este principio. Es simplemente la excepción proverbial. Por la ley de los promedios, la gran mayoría de la gente responderá inconscientemente.

El hombre que anda con una actitud muy resentida se encuentra con una docena de personas al día que se deleitan en corresponderle, un hecho que puedes suscribir fácilmente si alguna vez has tratado de andar con una actitud así de resentida. No es necesario demostrar que un hombre que lleva una sonrisa en la cara y que siempre tiene una palabra de amabilidad para todos los que conoce es universalmente querido, mientras que el tipo opuesto, por lo general, no es querido.

Esta Ley de Retaliación es una fuerza poderosa que toca todo el universo, atrayendo y repeliendo constantemente. La encontrarás en el corazón de la bellota que cae al suelo y que, en respuesta al calor de la luz del sol, estalla en un diminuto ramito formado por dos pequeñas hojas que finalmente crece y atrae hacia sí los elementos necesarios para constituir un robusto roble.

Nadie ha oído nunca que una bellota atraiga hacia sí algo que no sean las células de las que crece un roble. Nadie ha visto nunca un árbol que sea mitad roble y mitad álamo. El centro de la bellota solo forma afinidades con los elementos que constituyen un roble.

Cada pensamiento que encuentra morada en el cerebro humano atrae elementos de su clase, ya sea de destrucción o de construcción, de bondad o de falta de bondad. No se puede concentrar la mente en el odio y la aversión y esperar una cosecha de la marca opuesta, como no se puede esperar que una bellota se convierta en un álamo. Sencillamente, no está en armonía con la Ley de Retaliación.

En todo el universo, todo en forma de materia gravita hacia determinados centros de atracción. Las personas de intelecto y tendencias similares se atraen entre sí. La mente humana forma afinidades solo con otras mentes que son armoniosas y tienen tendencias similares; por lo tanto, la clase de persona que atraigas hacia ti dependerá de las tendencias de tu propia mente. Controlas esas tendencias y puedes dirigirlas a lo largo de cualquier línea que elijas, atrayendo hacia ti cualquier clase de persona que desees.

Esta es una ley de la naturaleza. Es una ley inmutable y funciona tanto si hacemos uso consciente de ella como si no.

DEJA DE PELEAR CON TUS SEMEJANTES

OCTUBRE 1919

Si no puedes estar de acuerdo con los demás, al menos puedes abstenerte de pelear con ellos.

El tiempo y la energía que gastamos en contraatacar a los que nos hacen enojar nos harían ricos de forma independiente si esta gran fuerza se dirigiera hacia un esfuerzo constructivo, hacia la construcción en lugar de la destrucción.

Este escritor cree que la persona promedio gasta tres cuartas partes de su vida en esfuerzos inútiles y destructivos.

Solo hay una forma real de castigar a una persona que te ha hecho daño, y es devolver el bien por el mal. Los carbones más calientes que se han amontonado sobre la cabeza de un ser humano son los actos de bondad a cambio de actos de crueldad.

El tiempo que se pasa en el odio no solo se pierde, sino que asfixia las únicas emociones que valen la pena del corazón humano y hace que la persona sea inútil para el trabajo constructivo. Los pensamientos de odio no dañan a nadie, excepto a la persona que se entrega a ellos.

El whisky y la morfina no son más perjudiciales para el cuerpo humano que los pensamientos de odio e ira. Afortunada es la persona que ha crecido lo suficiente y es lo suficientemente sabia para elevarse por encima de la intolerancia, el egoísmo, la codicia y los celos por cosas insignificantes. Estas son las cosas que borran los mejores impulsos del alma humana y abren el corazón humano a la violencia.

Si la ira alguna vez ha beneficiado a un hombre, este escritor nunca ha oído hablar de ella. Las grandes almas suelen alojarse en los seres humanos que son lentos para la ira y que rara vez intentan destruir a uno de sus semejantes o derrotarlo en sus empresas.

El hombre o la mujer que puede perdonar y olvidar verdaderamente una ofensa de un semejante es digno de envidia. Tales almas se elevan a las alturas de la felicidad que la mayoría de los mortales nunca disfrutan.

¿Cuánto tiempo, oh Dios, cuánto tiempo pasará hasta que la raza humana aprenda a caminar por el camino de la vida, brazo a brazo, ayudándose unos a otros con espíritu de amor, en lugar de intentar derribar los unos a los otros? ¿Cuánto tiempo pasará hasta que aprendamos que las más ricas bendiciones de la vida se conceden a la persona que desprecia rebajarse al vulgar intento de destruir a su prójimo?

Busca deliberadamente la compañía de personas que te influyan a pensar y actuar para forjar la vida que deseas.

UN INVENTARIO PERSONAL DE MIS TREINTA Y SEIS AÑOS DE EXPERIENCIA

DECIEMBRE 1919

A menudo he escuchado la expresión "Si tuviera que volver a vivir mi vida, la viviría de otra manera".

Personalmente, no podría decir sinceramente que cambiaría nada de lo que ha sucedido en mi vida si la volviera a vivir. No es que no haya cometido errores, porque de hecho me parece que he cometido más errores que el hombre promedio, pero de estos errores ha surgido un despertar que me ha traído verdadera felicidad y paz mental y abundantes oportunidades para ayudar a otros a encontrar este estado mental tan buscado.

Estoy convencido, sin lugar a duda, de que hay una gran lección en cada fracaso y que el llamado fracaso es absolutamente necesario antes de que se pueda alcanzar un éxito que valga la pena.

Estoy convencido de que una parte del plan de la Naturaleza consiste en poner obstáculos en el camino del hombre, y que la mayor parte de la educación de uno proviene, no de los libros ni de los maestros, sino del esfuerzo constante por superar esos obstáculos.

Creo que la Naturaleza pone obstáculos en el camino del hombre, al igual que el entrenador pone rieles y obstáculos para que un caballo salte mientras se le entrena para que avance.

¡Hoy es mi cumpleaños!

Lo celebraré haciendo todo lo posible por presentar a mis lectores algunas de las lecciones que me han enseñado mis fracasos.

Empecemos por mi pasatiempo favorito, es decir, mi creencia de que la única felicidad real que alguien experimenta proviene de ayudar a otros a encontrar la felicidad.

Puede ser una mera coincidencia que prácticamente veinticinco de mis treinta y seis años hayan sido muy infelices y que haya empezado a encontrar la felicidad el mismo día en que comencé a ayudar a otros a encontrarla, pero no lo creo. Creo que esto es más que una coincidencia; creo que está en estricta conformidad con una ley del universo.

Mi experiencia me ha enseñado que un hombre no puede sembrar una cosecha de dolor y esperar recoger una cosecha de felicidad, como no puede sembrar cardos y esperar recoger una cosecha de trigo. A través de muchos años de cuidadoso estudio y análisis he aprendido de forma concluyente que lo que un hombre da vuelve a él aumentado muchas veces, incluso hasta el más mínimo detalle, ya sea un mero pensamiento o un acto manifiesto.

Desde un punto de vista material y económico, una de las más grandes verdades que he aprendido es que vale la pena prestar más y mejor servicio del que se paga, porque tan seguro como esto se hace, es solo cuestión de tiempo antes de que se le pague por más de lo que realmente se hace.

Esta práctica de poner el corazón en todas las tareas, independientemente de la remuneración, irá más lejos hacia el logro del éxito material y monetario que cualquier otra cosa que pueda mencionar.

Pero igualmente importante es el hábito de perdonar y olvidar los males que nuestros semejantes cometen contra nosotros. El hábito de contraatacar a los que nos hacen enojar es una debilidad que está destinada a degradar y a obrar en detrimento de todos los que la practican.

Estoy convencido de que ninguna lección que la experiencia de mi vida me haya enseñado ha sido más costosa que la que he aprendido al exigir eternamente mi "libra de carne" y al sentir que era mi deber resentir cada insulto y cada injusticia.

Estoy plenamente convencido de que una de las mayores lecciones que un hombre puede aprender es la del autocontrol. Uno nunca podrá ejercer una gran influencia sobre los demás hasta que no aprenda a ejercer el control sobre sí mismo. Me parece de especial importancia cuando me detengo a considerar que la mayoría de los grandes líderes del mundo fueron hombres lentos para la ira, y que el más grande de todos los líderes de todos los tiempos, que nos dio la mayor filosofía que el mundo ha conocido, tal como se establece en la Regla de Oro, fue un hombre de tolerancia y autocontrol.

Estoy convencido de que es un grave error para cualquier persona comenzar con la creencia de que sobre sus hombros descansa la carga de "reformar" el mundo o de cambiar el orden natural de la conducta humana. Creo que los propios planes de la naturaleza se desarrollan con suficiente rapidez sin la interferencia de aquellos que se atreven a tratar de apresurar a la naturaleza o de desviar su curso. Esa presunción solo conduce a la discusión, a la polémica y a los malos sentimientos.

He aprendido, al menos para mi propia satisfacción, que un hombre que agita y crea malestar entre sus semejantes, por la causa que sea, no tiene ningún propósito constructivo en la vida. Vale la pena impulsar y edificar en lugar de golpear y derribar.

Cuando empecé a publicar esta revista, comencé a hacer uso de este principio, dedicando mi tiempo y mis páginas editoriales a lo que es constructivo y pasando por alto lo que es destructivo.

Nada de lo que he emprendido en todos mis treinta y seis años ha tenido tanto éxito ni me ha proporcionado tanta felicidad real como mi trabajo en esta pequeña revista. Casi desde el mismo día en que la primera edición salió a los quioscos, el éxito ha coronado mis esfuerzos en mayor abundancia de lo que jamás había esperado. No necesariamente el éxito monetario, sino ese éxito más elevado y fino que se manifiesta en la felicidad que esta revista ha ayudado a otros encontrar.

He comprobado, tras muchos años de experiencia, que es un signo de debilidad si un hombre se deja influenciar contra uno de sus compañeros a causa de algún comentario hecho por un enemigo o alguien que tiene prejuicios. Un hombre no puede pretender realmente poseer el autocontrol o la capacidad de pensar con claridad hasta que no aprenda a formarse una opinión de sus semejantes no desde el punto de vista de otra persona, sino desde el conocimiento real.

Uno de los hábitos más perjudiciales y destructivos que he tenido que superar ha sido el de dejarme influir en contra de una persona por alguien parcial o prejuicioso.

Otro gran error que he aprendido por haber cometido el mismo error una y otra vez es que es un grave error criticar al prójimo, ya sea con o sin causa. No puedo recordar ningún desarrollo personal que he obtenido de mis errores que me ha dado tanta satisfacción real como la que he experimentado al saber que, hasta cierto punto, había aprendido a contener mi lengua a menos que pudiera decir algo amable acerca de mis semejantes.

Solo aprendí a frenar esta tendencia humana natural de "hacer pedazos a los enemigos" cuando empecé a comprender la Ley de la Retaliación, mediante cuya aplicación un hombre está seguro de cosechar lo que siembra, ya sea de palabra o por acción. No he logrado dominar totalmente este mal, pero al menos he hecho un buen comienzo para conquistarlo.

Estoy convencido de que todos los hombres deberían pasar por la desdichada, aunque valiosa, experiencia de haber sido atacados por los periódicos y perder su fortuna al menos una vez en su vida, porque es cuando la calamidad alcanza a un hombre cuando aprende quiénes son sus verdaderos amigos. Los amigos se quedan junto en el barco mientras los "supuestos" corren a buscar cubrirse.

He aprendido, entre otros interesantes conocimientos de la naturaleza humana, que un hombre puede ser juzgado muy acertadamente por el carácter de las personas a las que atrae. Aquella vieja fase axiomática "los pájaros de un plumaje se juntan" es una filosofía sólida.

En todo el universo la Ley de Atracción, como podría llamarse, atrae continuamente a ciertos centros cosas de naturaleza similar. Un gran detective me dijo una vez que esta Ley de Atracción era su principal principio guía en su búsqueda de criminales y de los acusados de infringir la ley.

He aprendido que el hombre que aspira a ser un servidor público debe estar preparado para sacrificar mucho y soportar el abuso y la crítica sin perder la fe o el respeto por sus compañeros. De hecho, es raro encontrar a un hombre que se dedique a servir al público y cuyos motivos no sean cuestionados por las mismas personas a las que más se benefician de sus esfuerzos.

El mayor servidor que el mundo jamás haya conocido no solo se ganó la mala voluntad de muchas personas de su tiempo, una mala voluntad de la que muchos de la época actual han sido herederos, sino que perdió su vida en el intento. Lo clavaron en una cruz, le atravesaron el costado con una espada y lo torturaron diabólicamente, escupiéndole en la cara mientras su vida se desvanecía lentamente. Nos dio un gran ejemplo a seguir en sus últimas palabras, que fueron algo así como lo siguiente: "Perdónalos, Padre, porque no saben lo que hacen".

Cuando siento que la sangre se me sube a la cabeza de ira por los males que me hacen mis semejantes, encuentro consuelo en la fortaleza y la paciencia con que el gran Filósofo observaba a sus torturadores mientras le daban muerte lentamente sin otra ofensa que la de intentar ayudar a sus semejantes a encontrar la felicidad.

Mi experiencia me ha enseñado que el hombre que acusa al mundo de no darle la oportunidad de triunfar en el trabajo que ha elegido, en lugar de señalarse a sí mismo con el dedo acusador, rara vez supera la mediocridad.

Una " oportunidad de éxito " es algo que cada hombre debe salir y crear para sí mismo. Sin un cierto grado de combatividad, una persona no es apta para lograr mucho en este mundo o adquirir algo que otras personas codician mucho. Sin combatividad, un hombre puede heredar fácilmente la pobreza, la miseria y el fracaso, pero si quiere conseguir lo contrario a esto, debe estar preparado para luchar por sus derechos.

¡Pero nótese bien que hemos dicho sus "derechos"! Los únicos "derechos" que tiene un hombre son los que crea para sí mismo a cambio de un servicio prestado, y quizá no sea mala idea recordar que la naturaleza de esos "derechos" corresponderá exactamente a la naturaleza del servicio prestado.

Mi experiencia me ha enseñado que un niño no puede llevar una carga más pesada ni recibir una maldición mayor que la que acompaña al uso indiscriminado de la riqueza. Un análisis detallado de la historia mostrará que la mayoría de los grandes servidores del público y de la humanidad fueron personas que surgieron de la pobreza.

En mi opinión, una verdadera prueba de un hombre es darle una riqueza ilimitada y ver lo que hará con ella. La riqueza que quita el incentivo para dedicarse a un trabajo constructivo y útil es una maldición para aquellos que la utilizan. No es la pobreza lo que el hombre debe vigilar, sino la riqueza y el poder que esta genera, para fines buenos o malos.

Considero muy afortunado el haber nacido en la pobreza, mientras que en mis años más maduros me he asociado bastante estrechamente con hombres ricos; así he tenido una demostración muy justa del efecto de estas dos posiciones tan separadas. Sé que no necesitaré vigilarme tan de cerca mientras tenga que hacer frente a las necesidades ordinarias de la vida, pero si llegara a tener una gran riqueza, sería esencial para mí ver que esto no me quitara el deseo de servir a mis semejantes.

Mi experiencia me ha enseñado que una persona normal puede lograr cualquier cosa posible de logro humano, a través de la ayuda de la mente humana. Lo más grande que puede hacer la mente humana es imaginar. El llamado genio es simplemente una persona que ha creado algo definido en su mente, a través de la imaginación, y luego ha transformado esa imagen en realidad a través de la acción corporal.

Todo esto, y un poco más, he aprendido durante estos últimos treinta y seis años, pero lo más grande que he aprendido es esa vieja, vieja verdad de la que los filósofos de todas las épocas nos han hablado: que la felicidad se encuentra, no en la posesión, sino en el servicio útil.

¡Esta es una verdad que uno puede apreciar solo después de haberla descubierto por sí mismo!

Es posible que haya muchas formas a través de las cuales podría encontrar mayor felicidad que la que recibo a cambio del trabajo que dedico a la edición de esta pequeña revista, pero francamente no la he descubierto, ni espero hacerlo.

Lo único que se me ocurre que me proporcionaría una mayor felicidad de la que ya tengo sería un mayor número de personas a quienes servir a través del mensajero mensual del buen humor y el entusiasmo.

Creo que uno de los momentos más felices de mi vida lo viví hace unas semanas, mientras hacía una pequeña compra en una tienda de Dallas, Texas. El joven que me atendía era un tipo bastante sociable, conversador y pensativo. Me contó todo lo que ocurría en la tienda. Fue una especie de visita "detrás de las cortinas", por así decirlo, y terminó diciéndome que el gerente de su tienda había hecho muy feliz a todo su personal ese día al prometerles una suscripción grauita de la la revista *Hill's Golden Rule*. (No, no sabía quién era yo).

Eso me interesó, naturalmente, así que le pregunté quién era ese tal Napoleon Hill del que había estado hablando. Me miró con una expresión incrédula en su rostro y respondió: "¿Quiere decir que nunca ha oído hablar de Napoleon Hill?" Confesé que el nombre me sonaba algo familiar, pero le pregunté al joven qué era lo que hacía que el gerente de su tienda regalara a cada uno de sus empleados una suscripción anual a la revista *Hill's Golden Rule*, y me dijo: "Porque un ejemplar mensual de la misma ha convertido a uno de los hombres más mal humorados que tenemos en uno de los mejores colegas de esta tienda, y mi jefe dijo que si hacía eso, quería que todos la leyéramos".

No fue el agrado a mi lado egocéntrico lo que me hizo feliz cuando estreché la mano del joven y le dije quién era, sino ese lado emocional más profundo que siempre se siente en todo ser humano cuando descubre que su trabajo está aportando felicidad a los demás.

Este es la clase de felicidad que modifica la tendencia humana común hacia el egoísmo y ayuda a la evolución en su trabajo de separar los instintos animales de la intuición humana en los seres humanos.

Siempre he insistido que un hombre debe desarrollar la confianza en sí mismo y que debe ser un buen vendedor de sí mismo, y voy a probar que practico lo que predico sobre este tema afirmando audazmente que si tuviera una audiencia tan grande como la que sirve la revista *The Saturday Evening Post*, a la que podría servir mensualmente a través de esta pequeña revista, podría lograr más dentro de los próximos cinco años para influenciar a las masas a tratar con los demás sobre la base de la Regla de Oro que todos los otros periódicos y revistas combinados han hecho en los últimos diez años.

"Lo que el hombre sembrare, eso también segará."

Sí, proviene de la Biblia, y es una filosofía sólida que siempre funciona. Y mis muchos años de experiencia han demostrado de forma concluyente que así es.

La primera vez que se me ocurrió la idea de tener y editar una revista, hace unos quince años, mi idea era saltar sobre todo lo que era malo y hacer pedazos todo lo que no me gustaba. Los dioses del destino tienen que haber intervenido para evitar que iniciara una empresa tan desacertada en aquel momento, porque todo lo que he aprendido en treinta y seis años de experiencia corrobora plenamente la filosofía de la cita anterior.

No habría ninguna ventaja que obtener al sembrar un campo de trigo si la cosecha no produjera más de lo que se sembró. .

POR QUÉ ALGUNOS HOMBRES OBTIENEN ÉXITO

DICIEMBRE 1919

Cuando la derrota se apodera de un hombre,
lo más fácil y lo más lógico es abandonar todo.
Eso es exactamente lo que hace la mayoría de los hombres.

Hemos hecho un descubrimiento importante, un descubrimiento que puede ayudarte, seas quien seas, sea cual sea tu objetivo en la vida, a alcanzar el éxito.

No es el toque de genio, con el que se supone que algunos hombres están dotados, lo que trae el éxito.

No es la buena suerte, ni la influencia, ni la riqueza.

Lo que realmente hace que la mayoría de las grandes fortunas se acumulen, lo que ayuda a los hombres y mujeres a alcanzar la fama y una posición elevada en el mundo, es fácil de describir:

Es simplemente el hábito de completar todo lo que uno empieza, habiendo aprendido primero lo que hay que empezar y lo que no hay que empezar.

Haz un inventario de ti mismo de los últimos dos años, digamos, y ¿qué descubrimos?

Las probabilidades de que descubramos que has tenido muchas ideas, que has empezado muchos planes, pero que no has completado ninguno, son de cincuenta a uno.

Desde que tienes edad suficiente para recordar, has escuchado la frase axiomática de que "la procrastinación es el ladrón del tiempo", pero como parecía un sermón, no le hiciste caso.

Ese axioma es literalmente cierto.

No es posible tener éxito en ninguna iniciativa, ya sea grande o pequeña, importante o de otro tipo, si uno se limita a pensar en lo que le gustaría lograr y luego se sienta a esperar que la cosa se materialice sin un esfuerzo paciente y minucioso.

Casi todos los negocios que sobresalen por encima del resto de los negocios similares representan la concentración en un plan o idea definida, de la que se ha variado poco o nada.

El plan de mercadeo de las tiendas de cigarros United Cigar Stores se basa en una idea, bastante simple, pero sobre la cual se ha dirigido un esfuerzo concentrado.

Los supermercados Piggly-Wiggly se construyeron sobre un plan definido, a través del principio de concentración, el plan en sí mismo, el concepto de compras "estilo cafetería", siendo simple y fácil de aplicar a otras líneas de negocio.

Las farmacias Rexall se construyeron sobre la base de un plan, con la ayuda de la concentración.

El negocio de automóviles Ford no es más que una concentración sobre un plan simple, el plan es dar al público un auto pequeño y útil por el menor dinero posible, dando al comprador la ventaja de la producción en cantidad. Este plan no ha cambiado materialmente en los últimos doce años.

Las grandes empresas de venta por correo Montgomery Ward & Company y Sears, Roebuck & Company representan dos de las mayores empresas comerciales del mundo, y ambas se han construido sobre el sencillo plan de dar al comprador la ventaja de comprar y vender en cantidad y la política de "satisfacer" al cliente o devolverle su dinero.

Estas dos grandes empresas de distribución se destacan como monumentos gigantescos al principio de mantener un plan definido, a través de la concentración.

Hay otros ejemplos de gran éxito comercial que se basan en el mismo principio, adoptando un plan definido y manteniéndolo hasta el final.

Sin embargo, por cada gran éxito que podemos señalar como resultado de este principio, podemos encontrar mil fracasos o casi fracasos en los casos en que no se ha adoptado un plan de este tipo.

Este escritor hablaba con un hombre unas horas antes de escribir este editorial, un hombre brillante y, en muchos aspectos, un empresario capaz, pero que no está teniendo éxito por la sencilla razón de que tiene demasiadas ideas y sigue la práctica de descartarlas todas antes de que hayan sido probadas de manera justa.

Este escritor le ofreció una sugerencia que podría haber sido valiosa para él, pero respondió inmediatamente: "Oh, he pensado en eso varias veces, y comencé a probarlo una vez, pero no funcionó".

Nótese bien las palabras: "Empecé a probarlo una vez, pero no funcionó".

Ah, ahí fue donde se pudo descubrir la debilidad. "Empezó" a probarlo.

Lector de la revista *Golden Rule*, apunta estas palabras: ¡No es el hombre que simplemente "empieza" una cosa el que tiene éxito! Es el que comienza y termina a pesar de los obstáculos.

Cualquiera puede empezar una tarea. Es necesario que el llamado genio reúna suficiente valor, confianza en sí mismo y paciencia para terminar lo que empieza.

Pero esto no es "genio"; no es más que persistencia y buen sentido común. El hombre al que se le atribuye ser un genio no suele ser, como Edison nos ha dicho tantas veces, nada de eso: es simplemente un trabajador duro que encuentra un plan sólido y se atiene a él.

El éxito rara vez, o nunca, llega de golpe o de forma precipitada. Los logros que valen la pena suelen representar un servicio largo y paciente.

Recuerda el robusto roble. No crece en un año, ni en dos, ni siquiera en tres. Se necesitan una veintena de años o más para producir un roble de buen tamaño. Hay árboles que crecen mucho en pocos años, pero su madera es blanda y porosa y son árboles de corta vida.

El hombre que decide ser vendedor de zapatos este año, luego cambia de opinión e intenta la agricultura el año siguiente, y luego cambia de nuevo a la venta de seguros de vida el tercer año, es más que probable que sea un fracaso en los tres, mientras que si se hubiera mantenido en uno de ellos durante tres años, podría haber construido un éxito muy justo.

Como ven, sé mucho sobre lo que estoy escribiendo porque cometí este mismo error durante casi quince años. Creo que tengo perfecto derecho a advertirle de un mal que puede acosar su camino porque he sufrido muchas derrotas a causa de ese mal y, en consecuencia, he aprendido a reconocerlo en ti.

Se acerca el primero de enero, el día para establecer buenos propósitos. Reserva ese día para dos propósitos y es muy probable que te beneficies de haber leído este editorial.

Primero: Adopta un objetivo principal para t, al menos para el próximo año, y preferiblemente para los próximos cinco años, y escribe ese objetivo palabra por palabra.

Segundo: Determina que la primera parte de la plataforma del objetivo principal sea algo parecido a esto: "Durante el año siguiente determinaré con la mejor aproximación posible las tareas que tendré que realizar de principio a fin para tener éxito, y nada bajo el sol desviará mis esfuerzos de terminar cada tarea que comience".

Casi todo hombre tiene la inteligencia suficiente para crear ideas en su mente, pero el problema de la mayoría de los hombres es que esas ideas nunca encuentran expresión en la Acción.

La mejor locomotora de la tierra no vale un dólar, ni arrastrará un solo kilo de peso, hasta que la energía almacenada en la cúpula de la corriente se descargue en el acelerador.

Tienes energía en esa cabeza tuya; todo ser humano normal la tiene; pero no la estás descargando en el acelerador de la Acción. No la estás aplicando mediante el principio de concentración a las tareas que, de ser completadas, te colocarían en la lista de los considerados exitosos.

Por lo general, un hombre soltará ese flujo de acción que ha almacenado en su cabeza en conexión con una tarea que se deleita en realizar. Por eso, un hombre debe dedicarse al trabajo que más le gusta.

Hay una manera de persuadir a esa maravillosa mente tuya para que entregue su energía y la vierta en acción a través de la concentración en algún trabajo útil. Sigue buscando hasta que encuentres la mejor manera posible de descargar esta energía. Encuentra el trabajo a través del cual puedes descargar esta energía más fácilmente y con más ganas y te acercarás mucho al trabajo en el que encontrarás el éxito.

Este escritor ha tenido el privilegio de entrevistar a muchos de los llamados grandes hombres; hombres que fueron considerados "genios"; y como medio de aliento para ti quiero decirte francamente que no encontré nada en ellos que tú y yo y todos los demás compañeros "ordinarios" no poseamos. Eran exactamente como nosotros, sin más cerebro, a veces con menos, pero lo que tenían, que tú y yo también tenemos pero no siempre utilizamos, era la capacidad de soltar la acción almacenada en sus cabezas y mantenerla concentrada en una tarea, grande o pequeña, hasta completarla.

No esperes convertirte en un experto en la concentración la primera vez que lo intentes. Aprende primero a concentrarte en las pequeñas cosas que haces: el sacarle punta a un lápiz, el envolver un paquete, el escribir la dirección de una carta, etc.

La manera de alcanzar la perfección en este maravilloso arte de terminar todo lo que se empieza es formar el hábito de hacerlo en relación con cada tarea que se realiza, por pequeña que sea. A lo primero que te das cuenta, esto se convierte en un hábito regular y lo haces automáticamente, sin esfuerzo.

¿Qué importancia tendrá esto para ti? Qué pregunta tan inútil y tonta, pero escucha y te responderemos: ¡Significará la diferencia entre el fracaso y el éxito, la decepción y la felicidad!

EL FELIZ TÉRMINO MEDIO

DICIEMBRE 1919

Hasta que hayas aprendido a ser tolerante con quienes no siempre están de acuerdo contigo, hasta que hayas cultivado el hábito de decir alguna palabra amable de quienes no admiras, hasta que hayas formado el hábito de buscar lo bueno en lugar de lo malo, no tendrás éxito ni serás feliz.

El propósito de los estudios y de la educación es desarrollar en la persona el sentido de las proporciones. Cuando un hombre empieza a perder su sentido de la proporción en cualquier tema, o antes de desarrollar este sentido, se le conoce como un "excéntrico" o una persona que está ligeramente "fuera de lugar".

En sentido estricto, suponemos que no existe una mente perfectamente equilibrada, pero este es el tipo de mente que la evolución pretende desarrollar, sin duda.

La persona con una buena educación es la que ha desarrollado un sentido de las proporciones bien definido. Para ser realmente culto, una persona debe ser algo así como un filósofo: debe adquirir el hábito de estudiar las causas por sus efectos o, a la inversa, de estudiar los efectos por sus causas.

Cuando se empieza a analizar, a indagar y a averiguar los elementos que componen cualquier problema o tema, se empieza a desarrollar el sentido de la proporción.

La mente bien equilibrada es una mente analítica e inquisitiva.

La intolerancia es una de las cualidades más destructivas de la raza humana. Tenemos razón para creer que una mente analítica e inquisitiva rara vez, si acaso, es intolerante.

Cuando un hombre emite un juicio sobre cualquier tema sin haber escuchado la evidencia o examinado todos los hechos disponibles, seguramente no podría ser considerado un hombre analítico, ni podría decirse de él que ha desarrollado un justo sentido de las proporciones.

Recordemos que hay una causa para cada efecto. Si el efecto de nuestros esfuerzos en la vida no es agradable, debemos recordar que es un buen plan analizar e investigar la causa. Si no tenemos éxito, es una apuesta de cien a uno que podemos encontrar la causa acercándonos a un espejo.

No controlamos todas las causas que nos afectan en este mundo, pero ¿no es posible que controlemos suficientes causas para cambiar los efectos que producimos y que son indeseables? ¿No es posible que podamos controlar suficientes causas para cambiar considerablemente nuestra actitud hacia los demás y la actitud de los demás hacia nosotros?

Cuando escribas ese "Objetivo Principal" que pretendes poner en práctica, permítenos sugerir que una de las tablas de tu plataforma diga algo parecido a esto:

"Durante el año siguiente, me esforzaré especialmente por desarrollar un sentido justo de la proporción, al adoptar el hábito de analizar, indagar y examinar la causa de todos los efectos que afecten de algún modo al objeto de mi trabajo en la vida, a mi paz mental o a mi éxito material."

¡ÉXITO!

FEBRERO 1920

Enfréntate a los hechos sin rodeos. Hazte preguntas concretas y demanda respuestas directas.

Estamos escribiendo el 1 de enero de 1920. En todo el mundo, hombres y mujeres están deseando y orando por el éxito durante el próximo año.

La mayoría de nosotros estamos pidiendo el éxito sin las dificultades habituales que lo acompañan. Queremos el éxito con el menor esfuerzo posible.

¿No sería bueno definir el éxito, tal y como lo entendemos, y escribir una descripción del mismo, como uno de los puntos de nuestra lista de logros esperados para el próximo año?

No sabemos cuál es tu definición del término éxito, pero si podemos imponerte la nuestra, lo haremos más o menos como sigue:

El éxito es la suma total de los actos y pensamientos de uno que, debido a su naturaleza positiva y constructiva, han traído felicidad y buen ánimo a la mayoría de las personas con las que uno estará en contacto el próximo año.

Si haces que otras personas sonrían cuando estás cerca; si llevas contigo esa personalidad rica, vibrante y dinámica que hace que la gente se alegre cuando estás presente; si hablas y piensas en las bellezas de la vida y persuades a los demás a hacer lo mismo; si has eliminado el cinismo, el odio, el miedo y el abatimiento de tu propia naturaleza y has llenado sus lugares con un amor sano por toda la humanidad, entonces estás destinado a tener éxito.

¡El dinero no es una prueba del éxito! Puede ser, de hecho, evidencia de fracaso, y lo será si la felicidad y la buena voluntad no lo acompañan a lo largo del proceso a través del cual fue acumulado.

Este escritor valora más que toda la riqueza del mundo el placer, la emocionante alegría, la felicidad y la satisfacción que le ha proporcionado la oportunidad que ha tenido durante el último año de servir a sus semejantes a través de las páginas de esta revista.

¿Podría cualquier cantidad de dinero comprar tal placer? ¡No! Mil veces no. El placer viene de hacer y no de adquirir. Esta es una lección que algunas personas parecen no aprender nunca, pero es una verdad.

El camino hacia eso que llamamos éxito solo conduce en una dirección, y es directamente a través del gran campo del servicio humano. Cualquier camino que conduzca en otras direcciones no puede alcanzar el éxito.

Este escritor tiene la intención de intentar ser más feliz este año que el anterior, no por medio de la "adquisición" de más bienes mundanos, aunque podría utilizarlos con ventaja, sino sirviendo a más personas a través de esta revista y proporcionando mayor felicidad a los miembros de su familia inmediata y a sus amigos personales.

Si no podemos aumentar nuestra medida de éxito de esta manera, entonces no sabemos cómo hacerlo. De ninguna manera recomendamos que nadie renuncie a la búsqueda del dinero como medio para encontrar el éxito y la felicidad, pero recomendamos encarecidamente que nadie dependa totalmente del poder del dinero para alcanzar el éxito.

Nunca hemos tenido tanto dinero como para dejar de intentar prestar un servicio, pero algunos que conocemos sí lo han tenido, y el resultado no ha sido lo que llamamos éxito. Era descorazonador observarlo. Cuando dejaron de servir a los demás, perdieron la esperanza, perdieron el interés y renunciaron a lo más importante que habían conseguido, su propia paz mental.

EL ÉXITO FINANCIERO ES PELIGROSO

FEBRERO 1920

El éxito financiero da poder, y el poder es algo peligroso para aquellos que no han aprendido a usarlo de manera justa y sabia.

Gran poder financiero tiene una decidida tendencia a desarrollar la intolerancia y el desprecio por los derechos de los demás.

Cuando empieces a tener éxito financiero, tendrás que vigilar tus pasos más que nunca.

El éxito financiero ahoga con demasiada frecuencia los impulsos más finos del corazón humano y conduce a la persona a la adoración del dios Mamon.

Es la excepción y no la regla que un hombre que acumula un gran poder financiero sin haber probado generosamente las heces de la pobreza emplee ese poder sabiamente.

El verdadero éxito no se puede medir en dólares. Es algo que solo puede medirse por la cantidad y la calidad del servicio que uno presta para el bien de los demás.

Si el poder financiero quita el deseo de prestar un servicio útil, entonces puede interpretarse correctamente como un fracaso en lugar de un éxito.

No lo sabemos con certeza, pero sospechamos firmemente que el único éxito real es el que aporta felicidad a uno mismo y a los demás. También sospechamos que el único medio seguro de alcanzar la felicidad es a través de algún tipo de servicio útil que ayude a otros a encontrar la felicidad. El poder financiero no siempre lo consigue.

Cuida tus pasos cuando empieces a acumular más dinero del que necesitas para tu uso diario. Ten cuidado de que no te ciegue los ojos al único camino seguro hacia el verdadero éxito, la felicidad y la paz mental, que es realizar servicios útiles para el bien de la humanidad

El dinero es una buena o mala influencia. Todo depende del carácter de la persona que lo posee.

EL ENTUSIASMO

FEBRERO 1920

El entusiasmo es contagioso, y la persona que lo tiene bajo control suele ser bienvenida en cualquier grupo de personas.

El entusiasmo es una de las cualidades más deseables. Atrae a las personas y hace que colaboren contigo.

El entusiasmo es la chispa que enciende ese poder dormido que se aloja en tu cerebro y lo pone en acción.

El entusiasmo es un antídoto seguro contra la flojera y la procrastinación; es el resorte principal que mantiene tu maquinaria mental en acción.

El entusiasmo supera el desánimo y genera esperanza, confianza en sí mismo y valor. El entusiasmo despierta todo tu ser y hace que transformes tus sueños en realidad. Si no estás entusiasmado con tu trabajo, no lo amas; por lo tanto, estás intentando realizar un trabajo que no te corresponde.

El entusiasmo es contagioso. Inconscientemente lo transmites a las personas con las que entras en contacto y les hace actuar y pensar como tú.

Una persona entusiasta, cuando se guía por un sentido de justicia hacia los demás, suele ser un gran activo en cualquier organización, empresa, familia o comunidad.

¿Eres una persona entusiasta?

¡DOS HOMBRES CON UNA SOLA PIERNA!

FEBRERO 1920

En la ciudad de Wichita Falls, Texas, vi a un hombre con una sola pierna sentado en la acera pidiendo limosna.

Unas cuantas preguntas me permitieron descubrir que tenía una educación decente. Dijo que pedía limosna porque nadie le daba trabajo. "El mundo está en mi contra y he perdido la confianza en mí mismo", dijo.

Ah, ¡ahí estaba el problema!

"He perdido la confianza en mí mismo".

Al otro lado del pasillo de mi despacho hay otro hombre con una sola pierna. Lo conozco desde hace varios años y sé que no recibió mucha educación formal. Tiene menos educación que el limosnero con una sola pierna.

Pero gana mil dólares al mes. Como director de ventas de una empresa manufacturera, dirige los esfuerzos de cincuenta hombres.

El limosnero mostró el tronco de su pierna amputada como prueba de que necesitaba limosna. El otro hombre con una sola pierna tapó el tronco de su pierna perdida para que no llamara la atención.

La diferencia entre los dos hombres existe meramente en el punto de vista. Uno cree en sí mismo y el otro no. El que cree en sí mismo podría prescindir de la otra pierna y los dos brazos y seguir ganando mil dólares al mes. Incluso podría prescindir de sus dos ojos y seguir ganando el dinero.

El mundo nunca te derrota hasta que te derrotas a ti mismo. Milo C. Jones, conocido por su negocio de salchichas, se hizo rico con el negocio de las salchichas después de que una parálisis le quitara el uso de casi todos los músculos de su cuerpo. No podía darse la vuelta en la cama sin ayuda.

Mientras tengas fe en ti mismo y esa maravillosa mente tuya siga funcionando correctamente, no podrás ser derrotado en ninguna empresa legítima. Esta afirmación se hace sin reservas porque es cierta.

Si crees firmemente en lo que haces y en lo que quieres hacer, ninguna adversidad es demasiado difícil de superar.

AUTOCONTROL

MARZO 1920

Nunca podrás llegar a ser un gran líder ni una persona influyente en la causa de la justicia hasta que no hayas desarrollado un gran autocontrol.

Antes de que puedas prestar un gran servicio a tus semejantes en cualquier capacidad, debes dominar la tendencia humana común de la ira, la intolerancia y el cinismo.

Cuando permites que otra persona te haga enojar, estás permitiendo que esa persona te domine y te arrastre a su nivel.

Para desarrollar el autocontrol, debes hacer uso liberal y sistemático de la filosofía de la Regla de Oro; debes adquirir el hábito de perdonar a aquellos que te molestan y te hacen enojar.

La intolerancia y el egoísmo son muy malos compañeros de cama para el autocontrol. Estas cualidades hacen imposible el desarrollo del autocontrol.

Lo primero que suele hacer el abogado astuto cuando empieza a interrogar a un testigo es hacer que este se enoje y, por lo tanto, hacer que pierda su autocontrol.

¡La ira es un estado de locura!

La persona equilibrada es una persona que tarda en enfadarse y que siempre permanece fría y calculadora en su procedimiento. Permanece tranquilo y deliberado en todas las condiciones.

Una persona así puede tener éxito en todas las empresas legítimas. Para dominar las condiciones, primero hay que dominarse a sí mismo. Una persona que ejerce un gran autocontrol nunca calumnia a su vecino. Su tendencia es construir y no derribar. ¿Eres una persona con autocontrol? Si no lo eres, ¿por qué no desarrollas esta gran virtud?

RETALIACIÓN

MARZO 1920

El éxito no requiere explicaciones.

El fracaso no permite pretextos.

Lo semejante atrae a lo semejante.

Vemos pruebas concretas de este principio en cada acto y en cada pensamiento. El fracaso atrae al fracaso, mientras que el éxito atrae al éxito.

A lo largo de los siglos, los filósofos, los videntes y los profetas nos han hablado de esta ley, pero generalmente la han enunciado en términos axiomáticos que nos han parecido abstractos y más o menos en la naturaleza de los sermones.

Si quieres evidencia de que tal ley realmente existe, critica al predicador, al abogado, al médico, o al laico promedio y observa si él responde de la misma manera o no.

Invierta la regla y habla en términos elogiosos de uno de ellos y observa si responde o no en la misma forma.

La tendencia de la mente humana es "devolver el golpe". Si le haces un regalo a tu vecino, él te envía algo a cambio; pero si calumnias a tu vecino, él también te calumnia a ti.

Si odias al mundo, este te odia a su vez; pero si has aprendido a perdonar y olvidar, tus defectos serán igualmente perdonados y olvidados.

"Todo lo que un hombre siembra, eso también cosechará".

Si quieres disfrutar de una experiencia inusual, envía tarjetas de Navidad o de cumpleaños a todos los que te caen mal y a los que crees que les caes mal. Escribe algún pequeño mensaje apropiado en cada una de ellas y desecha todo sentimiento de odio que hayas estado albergando en tu corazón. Es más que probable que tu acción convierta a tus enemigos en amigos. Puedes inducir a las personas a que actúen hacia ti como deseas, si tomas la iniciativa, a través de la Ley de la Retaliación, y das el ejemplo que deseas que sigan. Pruébalo. Nunca te arrepentirás.

CREADORES DE PRETEXTOS

ABRIL 1920

Uno de los errores más comunes es el de encontrar una excusa o crear un pretexto para explicar la razón por la que no tenemos éxito.

Esto sería justo si no fuera por la tendencia universal a buscar esta excusa en todos los sitios menos en el lugar adecuado, que es el espejo más cercano.

El año pasado teníamos un hombre en nuestro equipo que siempre tenía el mejor argumento para todo lo que no lograba.

¡Él ya no está con nosotros! Se marchó y se unió a las filas de esos incontables millones de personas que constituyen el 98% de los habitantes del mundo, los que no tienen éxito.

Si se le preguntara su versión de la historia, sin duda diría que no había nada malo en él; su problema era que esta revista no apreciaba a un hombre tan bueno como él.

Se requiere un hombre valiente, un hombre grande, un hombre honesto, para mirarse a sí mismo directamente a la cara y decir: "Estoy mirando al tipo que se interpone entre yo y el éxito; ¡apártate para que pueda pasar!" No hemos encontrado a muchas personas así, pero dondequiera que encuentres a uno, encuentras a un hombre que está haciendo cosas que valen la pena, que está sirviendo al mundo de forma constructiva y útil.

Puede darle a uno cierta satisfacción acusar a otros de su fracaso y de su pobre suerte en la vida, pero esta práctica seguramente no tiende a mejorar la propia posición en la vida.

Yo debería saberlo, pues debo confesar que lo he probado lo suficiente en mi experiencia para descubrir que no funciona.

Tengo en mente a un amigo muy querido que trabaja bastante cerca de mí en el mundo de los negocios. Lo conozco lo suficientemente bien como para sentirme privilegiado al decirle lo que creo que son sus principales desventajas, pero hasta ahora los únicos resultados han sido oírle encontrar un defecto en mí que coincide con cada uno de los que yo encuentro en él.

Y, posiblemente tenga razón; quizás yo tenga más defectos que él, pero el gran punto que quiero que los lectores de estas líneas capten, recuerden y aprovechen es este: No importa qué defectos pueda encontrar este amigo en mí o en otros, se hundirá o nadará, se elevará o caerá, por sus propios méritos, y a menos que deje de crear pretextos y se dedique a edificar su carácter mirándose a sí mismo directamente a la cara, acabará justo donde acaban todos los creadores de pretextos: en el montón de chatarra del fracaso.

A todos nos encanta que nos halaguen, pero a ninguno nos gusta oír la verdad acerca de nuestros defectos. Un poco de adulación es algo muy bueno. Nos impulsa a emprender más, pero en exceso nos hace caer en la inercia.

Si yo no tuviera enemigos, sería necesario que saliera a meterle el dedo en los ojos a alguien y hacer unos cuantos, porque necesito que alguien me mantenga en el punto de mira; que me impida estar satisfecho conmigo mismo; que me mantenga a la defensiva de un modo u otro. Cuando me defiendo, me hago más fuerte, desarrollo mi capacidad estratégica y me mantengo en forma para que cuando tenga que luchar, sepa cómo hacerlo.

No te servirá de nada perder el tiempo buscando defectos en aquellos que no te agradan, o en aquellos que han tenido el valor de señalarte los tuyos, o en aquellos que te han superado en el juego de la vida y están triunfando mientras tú has fracasado. Tienen defectos, no te equivoques, pero el tiempo que dedicas a demostrar que tienen defectos es tiempo perdido, porque no puedes hacer ningún uso de esta prueba después de obtenerla. Es mucho mejor que dediques este tiempo a comprobarte a ti mismo para averiguar por qué no has tenido éxito y cómo puedes eliminar esas fallas que te han señalado.

No disfrutarás de esto tanto como de los aplausos de amigos indulgentes y admiradores, pero te hará mucho más bien a la larga para ayudarte a encontrar el éxito y la paz mental.

¡EL CAMINO AL ÉXITO ES EL CAMINO DE LA LUCHA!

ABRIL 1920

La fuerza y el crecimiento solo se obtienen por medio del esfuerzo y la lucha continua.

Vuelvo, una vez más, a reclamar tu atención durante unos minutos acerca de un tema que ha causado una tremenda impresión en mi mente durante los últimos años.

Las conclusiones a las que he llegado han sido las únicas a las que podría haber llegado un hombre con una mente abierta. He visto tantas pruebas de la solidez del principio que les transmitiré que puedo recomendarles que lo consideren seriamente.

Si un ladrillo pudiera hablar, no hay duda de que se quejaría cuando es colocado en un horno al rojo vivo donde se quema durante horas; sin embargo, ese proceso es necesario para dar al ladrillo cualidades duraderas que resistan los embates de los elementos.

El boxeador ganador tiene que recibir muchos fuertes golpes antes de estar listo para subir al cuadrilátero y enfrentarse al adversario, pero si no recibe esos ataques y no se prepara para la batalla final, es seguro que pagará con la derrota.

Mi hijo pequeño acaba de entrar en mi estudio tambaleándose y con lágrimas en los ojos. Acaba de sufrir una dura caída hace un momento mientras intentaba equilibrarse sobre sus pequeñas piernas. Está aprendiendo a caminar. Nunca caminaría si no tuviera muchas caídas y siguiera intentándolo.

El águila construye su nido muy por encima de las copas de los árboles, en algún peñasco escarpado de los precipicios, donde ningún hombre o animal depredador puede alcanzar a sus crías. Pero, después de tomar todas estas precauciones para proteger a sus crías, las someterá a otro peligro tan pronto como crea que están preparadas para aprender a volar. Los llevará al borde de las rocas, los empujará y "los hará volar". Por supuesto, ella está allí para dar el salto con ellos, y si son demasiado débiles para volar, se lanzará por debajo de ellos, los atrapará con sus garras, los llevará de vuelta al nido y esperará otro día más o menos, entonces los llevará de nuevo. Esta es la única forma en que las águilas jóvenes pueden aprender a volar: ¡mediante la lucha!

Y, a medida que el tiempo y la experiencia comienzan a extender mi visión hacia el funcionamiento silencioso de la Naturaleza, no puedo dejar de ver que hay una mano guía que nos empuja a la lucha para que podamos emerger con más conocimiento de las cosas que necesitamos saber en la vida.

La Ley de Compensación es implacable en su trabajo de ayudar al hombre a elevarse más y más a través de la lucha. Un atleta se convierte en atleta solo a través de la práctica, el entrenamiento y la lucha, así como un hombre se convierte en hacedor solo a través de la acción. Algunos hombres aprenden fácil y rápidamente, mientras que la Naturaleza encuentra necesario romper los corazones de otros antes de que reconozcan su escritura en las paredes del Tiempo.

En mis inicios, antes de que aprendiera a leer mucho de lo que la Naturaleza había escrito para mis ojos, me preguntaba a menudo cuándo, dónde y cómo me encontraría a mí mismo; cómo sabría cuándo había llegado a ser quien debía ser; cómo sabría cuándo había encontrado la tarea de mi vida.

¡Sospecho que esto ha preocupado a muchos otros!

A todas esas personas les traigo un mensaje de seguridad y esperanza. Pueden estar seguros de que mientras el fracaso, las angustias y las adversidades se presenten en su camino, la Naturaleza está luchando con ustedes, tratando de desviar su curso en la vida. Ella está tratando de cambiarte del camino del fracaso a la línea principal del éxito.

¡Vuelve a leer el párrafo anterior!

Cuando te sientes infeliz, sin éxito y con problemas, ¡algo anda mal! Estas condiciones mentales son las señales de la Naturaleza que te indican que estás luchando en la dirección equivocada.

No te equivoques. La Naturaleza siempre señala el camino, y tú sabrás cuándo estás viajando en la dirección correcta, tan definitivamente como sabes cuándo has puesto tu mano en una estufa al rojo vivo. Si eres infeliz, no pases por alto el hecho de que este es un estado mental antinatural, que tienes derecho a la felicidad, y que es una señal segura de que anda algo mal en tu vida.

¿Quién determina qué es ese "algo" que está mal?

Tú lo haces. Solo tú puedes hacerlo.

Unas pocas almas, y son realmente escasas, siguen con facilidad la mano guía de la Naturaleza. La Gran Lucha con estas personas no es tan dolorosa. Responden fácilmente cuando la Naturaleza les toca en el codo con un golpe de adversidad; pero la mayoría de nosotros tenemos que ser severamente castigados antes de empezar a darnos cuenta de que estamos siendo castigados.

No se gana nada sin dar algo a cambio.

Puedes tener todo lo que desees en esta vida si pagas el precio de la lucha, el sacrificio y el esfuerzo inteligente. En este sentido, puedes aprovechar el poder de la Ley de la Retaliación, una ley mediante cuya aplicación obtienes exactamente lo que das.

Deja de preocuparte e inquietarte por tus problemas y adversidades y agradece al Creador que haya puesto sabiamente señales en tu camino para ayudarte a corregirte. El estado mental normal es la felicidad. Tan seguro como que el sol sale por el este y se pone por el oeste, la felicidad llegará a la persona que ha aprendido a cambiar su rumbo cuando se encuentre con los hitos del fracaso, la adversidad y el remordimiento.

La mayoría de nosotros ha oído hablar de una palabra llamada "conciencia", pero pocos han aprendido que esta cosa es un Maestro Alquimista que puede convertir la escoria y los metales básicos del fracaso y la adversidad en el oro puro del éxito.

Cuando la adversidad, el fracaso y el desánimo parecen mirarte fijamente a la cara de forma inmisericorde, permíteme darte esta fórmula a través de la cual puedes vencerlos: Cambia tu actitud hacia tus semejantes y dedica todos tus esfuerzos a la tarea de ayudar a los demás a encontrar la felicidad. En tu lucha, que es el precio que debes pagar a la Naturaleza a cambio de su trabajo para transformarte, tú mismo encontrarás la felicidad.

¡Para obtenerlo, primero hay que darlo!

No te burles de este consejo sencillo. Viene de alguien que ha probado la fórmula; sabe que funciona y, por tanto, tiene derecho a hablar con autoridad.

Después de que hayas encontrado la felicidad; después de que hayas dominado eso que llamas tu "carácter" y hayas aprendido a mirar a todos tus semejantes con tolerancia y compasión; después de que hayas aprendido a sentarte y a hacer el inventario de tu pasado con calma y serenidad, verás, tan claramente como puedes ver el sol en un día luminoso, que la Naturaleza te ha hecho luchar como el único medio de ayudarte a encontrar el camino para salir de la oscuridad.

Sabrás, entonces, que te has encontrado a ti mismo. También sabrás que la lucha tiene su propósito en esta vida. Sabrás que el Creador te llevó al borde de los precipicios y te empujó, igual que la madre águila empuja a sus crías, para que aprendas a volar.

Entonces estarás en paz con toda la humanidad, porque verás que la lucha que tuviste que hacer, como resultado de la oposición de tus compañeros, fue el entrenamiento que necesitabas para encontrar tu lugar en el mundo. También verás que la causa de esta lucha fuiste tú y no tus semejantes.

Este es probablemente el mejor editorial que jamás haya escrito, pero estoy seguro de que solo aquellos que han conocido lo que es fracasar, que han visto crecer el éxito a partir de la peor clase de fracaso, lo apreciarán por todo lo que vale.

Los demás lo apreciarán más adelante, después de haberse enfrentado a la adversidad, al fracaso y al desánimo; después de haber descubierto, como yo, que la lucha es el medio que tiene la naturaleza de entrenar a las tambaleantes piernas de bebé de la humanidad para que caminen.

UNA HISTORIA BREVE DE LA MENTE HUMANA

ABRIL 1920

Al nacer, la mente está en blanco; un gran cuarto de almacenaje sin nada más que espacio.

A través de los cinco sentidos de la vista, el oído, el gusto, el olfato y el tacto, este gran almacén se llena.

Las impresiones de los sentidos que llegan a este almacén antes de los doce años pueden permanecer allí durante toda la vida, ya sean sanas o no.

Los ideales y las creencias que se plantan en la mente joven y plástica de un niño son susceptibles a convertirse en parte de ese niño y permanecer con él durante toda la vida.

Es posible inyectar de manera tan impresionante un ideal en la mente de un niño que este ideal guiará al niño en su conducta ética durante toda la vida. Es posible desarrollar tan completamente el carácter en la mente del niño, antes de la edad de doce o catorce años, que es prácticamente imposible para ese niño ignorar ese carácter y errar en la vida posterior.

La mente se asemeja a un gran campo fértil en el sentido de que producirá una cosecha según el tipo de semilla sembrada en él, lo que significa que cualquier idea colocada en la mente y mantenida allí firmemente, finalmente echará raíces y crecerá, influyendo en la acción corporal de la persona según la naturaleza de la idea. Además, al igual que las malas hierbas silvestres brotan en la tierra fértil que no se cultiva, las ideas destructivas se abrirán paso en las mentes de aquellos que no han plantado ideas constructivas.

La mente no puede mantenerse inactiva. Siempre se esfuerza por producir y, como es natural, trabaja con el material que llega a la mente como resultado de nuestro medio ambiente, nuestro contacto con los demás, las imágenes que vemos y los sonidos que oímos.

Uno de los principios más poderosos de la mente es el conocido como autosugestión, por medio del cual podemos plantar continuamente una idea en nuestra propia mente y concentrarnos en ella hasta que se convierta en una parte de nosotros hasta el punto de que domine nuestras acciones y dirija el movimiento de nuestros cuerpos.

Otra característica de la mente humana es el hecho de que se convierte en una especie de imán que atrae hacia nosotros a otras personas que piensan, creen y actúan como nosotros. La mente humana tiene una fuerte tendencia a alcanzar y formar afinidades con otras mentes con las que está en armonía en uno o más temas.

En todo el universo existe una ley por la que "lo semejante atrae a lo semejante". Esta ley se ve fácilmente en la forma en que una mente atrae a otras mentes que armonizan con ella.

Si esta es una afirmación verdadera, y sabemos que lo es, ¿no puedes ver cuán poderosa es esta ley, y no puedes ver qué tremenda ayuda puede ser para ti si la cultivas y la utilizas constructivamente?

La mente humana busca su nivel con la misma certeza que el agua busca su nivel, y no estará satisfecha hasta que encuentre su nivel. Esto lo vemos en la mente del hombre en cuanto a sus gustos y tendencias literarias que busca la compañía de mentes similares; en el hombre rico, que busca la compañía de los ricos, y en el hombre pobre, que busca la compañía de los pobres.

Si no fuera por esta ley, el cuerpo humano nunca maduraría, por la razón de que los productos químicos, los alimentos y la nutrición nunca serían atraídos y distribuidos a los lugares adecuados para el crecimiento y la expansión.

Si no fuera por esta ley, el material con el que se forman las uñas se distribuiría a las raíces del cabello, o a alguna otra parte del cuerpo donde no se necesita.

Esta ley es tan inmutable como la ley de la gravitación que mantiene a esta tierra en su curso y mantiene a cada planeta del universo en su lugar apropiado.

Analiza a tus amigos. Si no estás orgulloso de ellos, no es un mérito particular tuyo, porque tú eres el imán que los ha atraído. El color y la tendencia de tu mente es la atracción que ha reunido a tu alrededor otras mentes que armonizan con la tuya. Si no te agradan los que han sido atraídos hacia ti, cambia el imán que los atrajo y consigue otro grupo de amigos.

Una forma muy buena de magnetizar tu mente para que atraiga hacia ti a los seres humanos de más alto nivel es establecer en tu mente un ideal que siga el modelo de los hombres que más admiras.

¡El modus operandi a través del cual se hace esto es muy simple y muy efectivo! Hasta puedes recurrir al carácter de otras personas para obtener material con el cual crear, en tu mente, este ideal que se convertirá en el imán que atraerá hacia ti a quienes armonicen con él.

Por ejemplo, toma de la vida de Washington las cualidades que más admiras de él, de Lincoln las cualidades que más admiras de él, de Jefferson las cualidades que más admiras de él, de Emerson las cualidades que más admiras de él, y así sucesivamente. A base de la composición de estas cualidades, crea un ideal; en otras palabras, mírate a ti mismo poseyendo todas estas cualidades, no permitiendo que pase ningún acto o pensamiento que no armonice con este ideal, y lo primero que sabrás es que empezarás a parecerte a este ideal, y, lo que es más importante, empezarás a atraer a otros que armonicen con este ideal, ya sea en su totalidad o en parte.

Esta no es una mera teoría. Este escritor sabe que el plan funciona, porque, bueno, por la única razón por la que alguien sabe algo con seguridad; ¡lo ha probado él mismo!

Colocas el material en tu mente y el Gran Alquimista Invisible le da forma, creando un carácter y una personalidad que corresponden exactamente a la naturaleza del material que proporcionas.

¡Ahora ya sabes cómo reunir el material!

Sabes cómo ser exactamente lo que quieres ser, y este escritor asumirá toda la responsabilidad por la solidez de este principio. Funcionará de tal manera que tú, o hasta el incrédulo más inexperto, podrá ver que funciona con el tiempo, desde unas pocas horas hasta unos pocos meses, dependiendo de la medida en que concentres tu mente en la tarea y de la medida en que veas claramente la imagen del ideal o de la persona que estás creando.

¡Esta es la Autosugestión de la que estamos escribiendo!

Es el principio a través del cual puedes crear una nueva versión de ti mismo o a través del cual puedes edificarte a la medida. A través de este principio puedes dominar el desánimo, la preocupación, el temor, el odio, la ira, la falta de autocontrol y el resto de esa larga cadena de cualidades negativas que se interponen entre la mayoría de las personas y la vida plena, feliz y alegre que es su derecho y su herencia. Estas cualidades son las hierbas que corresponden a las que brotan en la tierra fértil de los campos cuando éstos no se aran, cultivan y labran.

Lo que estás leyendo no se trata de una nueva rama de la religión; no es una moda; no es el estallido de una mente desequilibrada y fanática. Es un hecho sólido y científico que cualquier profesor de psicología corroborará.

Estos son solo algunos de los principios más elementales de tu mente, expuestos en palabras que pretendemos que sean tan sencillas que un niño o niña de escuela pueda entenderlas. Para un estudio más detallado de esa maravillosa máquina que llevas en tu cabeza, ve a la biblioteca o a alguna buena librería y compra algunos libros de Psicología Aplicada.

¡Lo único de ti o de cualquier otra persona que realmente es valioso es la mente! Estos viejos cuerpos que llevamos con nosotros no tienen mucho valor. No son más que las herramientas a través de las cuales la mente opera, de todos modos. No pueden moverse ni un centímetro hasta que la mente se lo indique. Si quieres entenderte a ti mismo, primero aprende algo sobre tu mente, y cuando hayas aprendido mucho acerca de tu mente, sabrás mucho sobre todas las mentes, porque todas funcionan exactamente de la misma manera.

EL TRABAJO COMO UNA BENDICIÓN Y COMO UNA MALDICIÓN

MAYO 1920

Este editorial muestra qué es lo que hace que el trabajo sea una maldición; además, cómo y cuándo el trabajo se convierte en una bendición. Muestra lo que eliminará la "maldición" del tipo de trabajo más común. Trae un mensaje de esperanza a todos los que se lamentan de su suerte en el mundo y señala el camino para mejorar las condiciones de trabajo insatisfactorias.

–EL EDITOR

El tema al que te invito a prestar atención concierne a los intereses de todos los hombres, mujeres y niños. Entra en la vida cotidiana de la humanidad. El trabajo constituye la trama y la textura de toda industria y de todo bien humano. No es una mera cuestión de pan, o de dólares y centavos. Tiene un significado más amplio y profundo que la mayor o menor abundancia de ropa o de hectáreas. Es la piedra angular del progreso social, civil y religioso. Es una cuestión de cómo emplear nuestro tiempo, utilizar nuestras fuerzas, ejercer nuestro pensamiento, dirigir nuestros afectos de la manera más sabia para suplir nuestras necesidades naturales y asegurar los medios de comodidad, felicidad y desarrollo de las facilidades humanas. Es, por lo tanto, una cuestión que enfrenta al individuo, al Estado y a la Iglesia a cada paso y que insiste que se resuelva. Implica todos los esfuerzos para aligerar las cargas humanas, para aliviar el sufrimiento humano y para asegurar el orden, la comodidad, la prosperidad y la felicidad del pueblo.

No es mi intención hablar de las organizaciones para la protección y la promoción de los intereses de los trabajadores o de la influencia de la legislación nacional o estatal sobre el tema. Tienen su influencia y utilidad. Me propongo más bien hablar del trabajo en su aplicación al individuo, de lo que cada hombre y mujer puede hacer hoy, en las circunstancias actuales, en cada condición, para eliminar la maldición del trabajo y obtener sus mayores y más duraderas recompensas. Es mi propósito señalar algunos remedios para las dificultades que todos sufrimos, y que podemos aplicar a nuestro trabajo mañana y todos los días de nuestra vida. Ninguna combinación de hombres puede evitar la mayor maldición del trabajo, ninguna legislación puede evitar sus males o asegurar su mayor bien. Tratemos, pues, de descubrir cuáles son los males que deseamos eliminar, y entonces podremos descubrir sus remedios.

En sentido estricto, el trabajo no es una maldición o un mal en ningún sentido. Es una bendición, no solo por su recompensa salarial, sino por sí mismo. Incluso en sus formas más difíciles, es mejor que la inactividad. Este es el testimonio de la historia y de la experiencia individual en todas las épocas del mundo y del Señor mismo. Existe en la naturaleza de la mente humana y está organizada en cada parte del cuerpo material. Mira a un hombre desde sus miembros, sus músculos, su cerebro, sus sentidos, su intelecto, sus afectos. ¿Para qué fue dotado de este organismo milagroso? ¿Para qué fue hecho? ¿Para ser ocioso? ¿Para comer, beber y dormir como un animal? ¿Acaso la mano, ese milagro del mecanismo y del poder, fue hecha simplemente para usar una cuchara y llevar guantes? ¿Para mantenerla suave como la de un bebé? ¿Para qué se hicieron todos los órganos del cuerpo? ¿No fue para la felicidad del hombre? ¿Cómo va a conseguir el bien deseado? Por el uso, por la acción, por el trabajo. No hay otro camino posible. La acción es la ley de la vida; es el efecto y el signo de la vida; es el medio de obtener una mayor medida de vida; es el instrumento esencial para perfeccionar la vida.

Cuanto más nos elevamos en la escala del ser, más incontenible es la actividad. Aprendamos una lección de la naturaleza. La piedra es inmóvil. No puede cambiar de forma ni de lugar. ¿Te gustaría ser una piedra? La planta, aunque inconsciente y anclada a la tierra, está viva y llena de acción, y crece en una multitud de formas útiles y bellas. Aquí hay más vida, más acción y mayor utilidad. Pero, ¿te satisfaría esto? ¿Te gustaría ser un manzano o un lirio, aunque no trabaje ni gire? El animal se encuentra en un grado superior de vida. Puede ver, oír, sentir, moverse y actuar de muchas maneras imposibles para la planta. Pero, ¿te contentaría ser una ostra o un buey? A medida que ascendemos hasta el hombre, encontramos una clase distinta y superior de facultades. Su rango de acción se amplía enormemente. Tiene más herramientas para trabajar, más trabajo que realizar, y obtiene mayores y más ricas recompensas. Cada paso de ascenso en la escala del ser exige un trabajo mayor y más variado por el cual obtenemos un bien superior.

Ningún ser vivo está exento de trabajar. El gusano, el pez y el animal de cuatro patas tienen que trabajar. La acción en alguna forma es la condición de la existencia. Las aves del aire de alas rápidas están constantemente buscando comida, y a menudo deben ir a la cama sin cenar. Un animal salvaje que no tiene amo y es libre de ir y venir, la idea que muchos tienen de una vida feliz, debe mantenerse alerta para su cena o quedarse sin ella.

Si el hombre nunca hubiera pecado, hubiera podido encontrar su felicidad solo en una ocupación útil. Cada músculo de su cuerpo, y cada facultad de su mente, revelan este hecho más claramente de lo que las palabras pueden hacer. La necesidad de trabajar está organizada en nuestras mentes y en cada fibra de nuestros cuerpos. Si pudiéramos alimentarnos con todos los lujos sin mover un dedo; si pudiéramos vestirnos como los lirios y alojarnos como un príncipe, sin trabajo estaríamos incompletos, porque todas nuestras facultades no solo son creadas por el uso, sino que su existencia no puede mantenerse sin él. En consecuencia, todo el mundo, sea cual sea su condición en la vida, tiene que trabajar. Si no está obligado por la necesidad de ganarse el pan, se ve impulsado por una necesidad más fuerte a trabajar por placer, por digestión e incluso por existencia. El trabajo visto en sí mismo es una ley de orden divino. Tiene su origen en las perfecciones divinas; es universal en su aplicación; es el medio para todo bien. Este es el hecho positivo e inmutable.

CRISTIANOS VERDADEROS Y PSEUDOCRISTIANOS

MAYO 1920

Hemos notado en nuestro tiempo que hay dos clases de cristianos. Una la verdadera, la otra la pseudo.

La segunda es intolerante, quiere gobernar con mano de hierro, nunca perdona, rara vez olvida las injurias o los agravios, y condena a todos los que no están de acuerdo con ellos.

La primera, la auténtica, dice a los que le hieren y le hacen daño: "Perdónalos, Padre, porque no saben lo que hacen".

También nos hemos dado cuenta de que no todos los miembros de la iglesia son verdaderos cristianos. También, que no todos los que no son miembros de la iglesia son paganos.

Lo que también nos recuerda que hemos hablado de este tema todo lo que queremos, teniendo en cuenta que la política de esta revista es no entrar en polémicas sobre el tema de la política y la religión o tratar de cambiar la creencia de cualquier persona sobre cualquiera de estos temas tan discutidos.

Nuestro objetivo al editar esta revista, y es un objetivo que siempre tenemos presente, es ayudar a los hombres y mujeres a aprender lo que nosotros hemos aprendido, es decir, que la felicidad en esta tierra solo se puede encontrar por medio de ayudar a otros a encontrarla. Ese éxito está al alcance de todos los que desarrollen y dirijan inteligentemente ese poder dado por Dios llamado mente humana.

A través de estas páginas no les aportamos nada que no tengan ya pero nos parece necesario en miles de casos ayudar a a las personas a descubrir la naturaleza de lo que ya tienen y mostrarles cómo dirigirlo inteligentemente en beneficio de ellos mismos y de sus semejantes, que son sus coarrendatarios aquí en la tierra, mientras están en el sendero.

Puedes ser lo que quieres ser si solo crees con suficiente convicción y actúas de acuerdo con tu fe.

OTRO POBRE NIÑO RICO

MAYO 1920

Dime cómo aprovechas tu tiempo libre y cómo gastas tu dinero, y te diré dónde y qué serás dentro de diez años.

Leemos, en nuestro periódico diario, la siguiente noticia:

UN POBRE NIÑO RICO NO PUEDE VIVIR CON 7.500 DÓLARES AL AÑO

NUEVA YORK—Un pobre niño rico de 17 años, que necesita un nuevo automóvil de 4.600 dólares y un aumento de su estipendio de 7.500 a 10.000 dólares al año, presentó hoy su apelación ante el juez sustituto Cohalan a través de su madre, diciendo que el aumento del costo de la vida hace que su actual estipendio de 7.500 dólares al año sea inadecuado para un chico de su posición en la vida.

¡7.500 dólares al año son inadecuados "para un chico de su posición"!

¡Pobre muchachito! Pobre madre ignorante que lo amamantó en su pecho, lo cuidó durante el peligroso período de la infancia, y sin embargo se propone ahora atar un peso alrededor de su cuello que puede privarlo de la iniciativa, que proviene de la necesidad de prepararse para prestar un servicio útil al mundo.

Ningún muchacho de diecisiete años puede hacer un uso legítimo y seguro de 7.500 dólares al año. El muchacho que dispone de tal cantidad está prácticamente seguro de desarrollar la noción de que fue hecho de barro superior al que se usó en esos pobres amigos que trabajan en el taller y la fábrica ocho o diez horas al día, con salarios de solo unos pocos dólares, la mayoría de los cuales deben ser utilizados para pagar el alquiler, comprar alimentos y ayudar a mantener una familia.

Algunos hombres maravillosamente útiles han nacido de padres ricos. John D. Rockefeller, Jr. parece ser uno de esos cuya riqueza heredada no le perjudicó de forma notable.

Con Harry Thaw fue diferente. El pobre Harry tuvo la mala suerte de tener una madre demasiado indulgente y un padre que le proporcionó demasiado dinero para respaldar esa indulgencia. Es más que probable que Harry Thaw fuera hoy un miembro libre y útil de la sociedad en lugar de tener que estar confinado tras los muros de un manicomio, un enfermo sin remedio de demencia precoz, si la severa necesidad le hubiera llevado a trabajar para ganarse la vida cuando acababa de entrar en la edad adulta. En cambio, este joven mimado asesinó a otro, el talentoso arquitecto Stanford White, en un ataque de celos.

Un curso en la facultad de comercio, pagado con su propio trabajo, y un empleo en una buena oficina empresarial, prestando servicio a cambio de sus necesidades, habrían hecho maravillas para Harry Thaw.

Sospechamos que este "pobre muchacho" que tiene que hacérselas con 7.500 dólares al año estaría mejor si su madre tomara unos 500 dólares de su asignación del año siguiente y los invirtiera en una educación en una escuela comercial para él.

Este joven necesita ese algo sutil que proviene de la mezcla y la convivencia con los hijos e hijas de hombres que tuvieron el buen juicio de ver que lo mejor que podían hacer por sus hijos era enviarlos a una escuela comercial y prepararlos para prestar un servicio útil.

Incluso un año de este sano adiestramiento y de mezclarse con hombres y mujeres jóvenes cuyo principal objetivo, por el momento, es prepararse para el trabajo, haría maravillas en este chico. Recomendamos esto a sus padres por ser más beneficioso para su hijo, a largo plazo, de lo que sería el subsidio extra, si se le concediera.

Si dudan de la sabiduría de nuestra recomendación, vuelvan a las páginas de la historia y estudien a los hombres realmente grandes del pasado: Sócrates, Emerson, Aristóteles, Epicteto, Shakespeare, Lincoln y algunos otros. ¿No es digno de consideración cuando observamos que cada uno de ellos surgió de las profundidades de la pobreza; que ninguno de ellos tenía una dotación de 7.500 dólares al año como una piedra de molino alrededor de su cuello que le impidiera responder a la llamada urgente de la severa necesidad?

Echa un vistazo a los registros biográficos de algunos de nuestros éxitos más modernos, incluso aquellos cuyo éxito se mide en gran medida por la riqueza que acumularon, y observa cómo ellos también empezaron desde abajo, sin ningún estipendio anual más que el que ganaron con el sudor de su frente. Por ejemplo, Carnegie, Rockefeller Sr., James J. Hill o Henry C. Frick. Cada uno de ellos comenzó como un joven pobre.

Prestaron servicio porque, al principio, tenían que prestar servicio. De la necesidad surgió el hábito de prestar servicios. Si no hubieran experimentado esta fuerza de la necesidad, a veces llamada bondadosa y a veces no, no se sabe lo poco que estos hombres podrían haber logrado.

Lincoln fácilmente podría haber terminado como terminará Harry Thaw, en una tumba no marcada por ningún esfuerzo constructivo, si Lincoln hubiera sido maldecido con la herencia de Harry Thaw durante su niñez, mientras se formaba su carácter.

Si tienes que darle dinero a tu hijo, espera al menos hasta que haya tenido la oportunidad de desarrollar ese carácter sano que surge del amor por el servicio. Espera hasta que crezca un poco y haya desarrollado algunas de esas características deseables que han marcado la personalidad de los hombres de éxito que se abrieron camino hasta la cumbre desde un comienzo humilde.

El dinero se mantendrá. Guárdalo en un banco y deja que genere intereses. Dale tiempo al chico para que desarrolle la habilidad y la inteligencia con la cual manejar adecuadamente el dinero y entonces posiblemente ocupe su lugar en las páginas de la historia junto a aquellos a los que señalamos como exitosos y felices.

EL PROGRAMA DE RADIO

"PIENSE Y HÁGASE RICO CON NAPOLEON HILL"

CON HOWARD RAY Y NAPOLEON HILL

H. RAY: Esta emisión de radio le traerá en persona al eminente consejero del éxito, Napoleon Hill, autor del fabuloso libro de éxito *Piense y hágase rico*. Este es el libro que acaba de obtener el cuarto lugar entre los libros que han cambiado la vida de hombres y mujeres de éxito en toda América. En una encuesta nacional, reportada en detalle en la edición de febrero de 1948 de la revista *Coronet*, el libro de Napoleon Hill, *Piense y hágase rico,* ocupó el cuarto lugar en la mente de los hombres y mujeres jóvenes exitosos. Usted descubrirá por qué *Piense y hágase rico* ocupó este alto lugar en las mentes de los hombres y mujeres de éxito cuando lo lea y cuando aprenda a utilizar las sencillas pero brillantes reglas para el éxito contenidas en sus portadas. Damas y caballeros, conozcan al hombre que cree que toda persona tiene derecho al éxito, Napoleon Hill. ¿Cómo está usted, Dr. Hill?

N. HILL: Bien. Gracias, Sr. Ray. Es un placer estar aquí y hablar con nuestros nuevos amigos de la radio durante unos minutos acerca de su éxito.

H. RAY: Dr. Hill, en esta interesante encuesta realizada por la revista *Coronet* y publicada en el número de febrero, página 103, a las personas de éxito entrevistadas se les hizo una pregunta que me parece de lo más interesante.

N. HILL: ¿Cuál era, Sr. Ray?

H. RAY: Se les preguntó: "¿Qué habilidad es la más esencial para el éxito?"

N. HILL: "¿Qué habilidad es la más esencial para el éxito?"

H. RAY: Con énfasis en la palabra *habilidad*. En sus reglas para el éxito, usted muestra los principios del éxito que deben ser observados por la persona que busca el éxito, pero nuestra discusión de hoy será sobre el tema de la habilidad, y por supuesto, la habilidad de cualquier persona se mejora con la práctica. Así que creo que tenemos una charla muy interesante por delante, Dr. Hill.

N. HILL: Sí, sin duda.

H. RAY: Muy bien. ¿Qué habilidad es la más esencial para el éxito? ¿Es la capacidad de permanecer en el trabajo día tras día, y año tras año, ¿Dr. Hill?

N. HILL: El mundo está lleno de personas que han estado atadas a sus trabajos toda la vida, arrastrándose como máquinas automáticas. Pero el éxito parece pasarles de largo. Conozco a un hombre que ha trabajado como dependiente en una tienda durante cuarenta y dos años. Empezó como repartidor cuando acababa de salir de la escuela, luego lo ascendieron a dependiente de tiempo parcial y más tarde lo hicieron dependiente de tiempo completo. Va a trabajar a la misma hora todos los días, va a comer a la misma hora y se va a la misma hora cada noche. Es bastante agradable con los clientes y no entabla mucha conversación con ellos, salvo en algunos casos.

Ha tenido algunos aumentos de sueldo, lo suficiente para poder pagar sus cuentas y unos pocos dólares de sobra, que ahorra para los imprevistos que seguramente llegarán. Si la habilidad de permanecer en el trabajo fuera el factor determinante, si la habilidad de permanecer en el trabajo fuera la única habilidad más esencial para el éxito, entonces este hombre sería un éxito brillante.

Así que puedes ver que esta no es la respuesta, y tendremos que buscar más allá.

H. RAY: Por supuesto, es posible que estos hombres y mujeres de éxito mencionados por *Coronet* se hayan equivocado en su conclusión sobre la habilidad más esencial para el éxito, ¿supone usted, Dr. Hill?

N. HILL: No, creo que dieron en el clavo. Creo que tenían toda la razón al asumir que esta habilidad es la más esencial.

H. RAY: Bueno, solo quería estar doblemente seguro de que no estábamos buscando una respuesta elusiva que no sería la respuesta en absoluto cuando finalmente la descubriéramos.

N. HILL: No, estoy seguro de que podemos continuar nuestra búsqueda con la total confianza de que, cuando finalmente se encuentre la respuesta, será la correcta.

H. RAY: ¿La respuesta se encuentra en su libro *Piense y hágase rico,* Dr. Hill?

N. HILL: Sí, efectivamente. Se encuentra en muchas páginas de *Piense y hágase rico.*

H. RAY: Bueno, eso simplifica mucho las cosas. Solo tenemos que echar un vistazo a este libro y descubriremos qué habilidad es la más esencial para el éxito.

N. HILL: Bueno, no será tan sencillo, supongo, pero si se echa un vistazo muy atento, se puede encontrar la respuesta en muchas páginas.

H. RAY: Bueno, aquí en la página 39, en el capítulo 2, usted estaba relatando la historia de Edwin C. Barnes y su deseo de convertirse en el socio de Thomas A. Edison. Usted dijo que Barnes quemó todos los puentes detrás de él. Cuando fue a Orange, Nueva Jersey, no se dijo a sí mismo: "Trataré de inducir a Edison a darme algún tipo de trabajo". Dijo: "Veré a Edison y le avisaré que he venido a hacer negocios con él".

Ahora bien, en base a este comentario, supongo que el Deseo es la habilidad más esencial para el éxito. ¿Es eso cierto?

N. HILL: El Deseo es fundamental para el éxito. El deseo puede describirse como la definición de un propósito: saber lo que se quiere. Es un factor vital, una parte importante del éxito, pero no es la habilidad que estamos buscando en este momento.

H. RAY: Bueno, supongo que puedo pasar unas cuantas páginas entonces. Pasaré a la página 71 de *Piense y hágase rico*. Apuesto a que he encontrado la habilidad más esencial que deben poseer las personas que llegan a ser exitosas. Sí, apuesto a que es ésta: la Fe.

En la página 71 del capítulo sobre la fe, usted dice que "La Fe es el elixir eterno que da vida, poder y acción a los impulsos del pensamiento". Y dices que "La Fe es el punto de partida de toda acumulación de riquezas".

Sin duda, si existe una habilidad que permite a los hombres tener éxito, debe ser la habilidad de tener Fe en lo que están haciendo. ¿Qué le parece, Dr. Hill? ¿Estoy en lo cierto?

N. HILL: Bueno, la Fe es un rasgo peculiar, pero no es una habilidad, porque todo el mundo tiene la misma cantidad de Fe, curiosamente. La única diferencia entre las personas es que un hombre tendrá Fe en que puede lograr cierta cosa y el siguiente tendrá Fe en que NO puede lograr lo que está tratando de hacer. La Fe se dirige o a su favor o en su contra, y le sorprendería saber cuántas personas dirigen su propia Fe contra ellos mismos. Más personas tienen Fe en el fracaso y la enfermedad y la infelicidad que en el éxito y la salud y la felicidad.

Así que la Fe no es una habilidad; es un rasgo natural. Y o bien aprovechamos al máximo nuestra Fe o no la aprovechamos. En muchos casos, realmente volvemos nuestra Fe contra nosotros mismos y nuestro propio esfuerzo al creer en circunstancias que no queremos. No, la Fe no es una habilidad. Lo que buscamos es la respuesta en cuanto a qué habilidad es la más esencial para el éxito.

El diccionario dice que la *habilidad* es "el poder de realizar". Me recuerda a la historia de un pionero que estaba considerando la posibilidad de establecer una granja cuando la gente apenas se estaba estableciendo en esa región. Según recuerdo, este hombre preguntó a un amigo abogado sobre la ley. El abogado le dijo: "No conozco el texto exacto de la ley, pero puedo darle una idea".

H. RAY: Sí, recuerdo esa historia. El abogado dijo que la idea general era que el gobierno estaba dispuesto a apostar 160 acres de tierra contra 14 dólares a que no podrías vivir en esa tierra durante cinco años sin morir de hambre.

N. HILL: Eso requeriría mucha habilidad, supongo, y por eso estamos buscando la habilidad más esencial para el éxito.

H. RAY: Quizá la hayamos encontrado, Dr. Hill. ¿Quizás sea la perseverancia, la capacidad de permanecer en una situación hasta lograr su propósito?

N. HILL: No, no es eso.

H. RAY: Bueno, supongo que será mejor que pasemos al siguiente capítulo de su libro *Piense y hágase rico*. Tal vez podamos encontrarlo allí. El capítulo 4 puede ser la pista que hemos estado buscando. Tal vez la respuesta sea la Autosugestión, o la Autohipnosis.

N. HILL: No, adivina de nuevo.

H. RAY: ¿Qué tal el siguiente capítulo, "Conocimientos Especializados"? ¿Es esa la habilidad más esencial para el éxito?

N. HILL: No, el Conocimiento Especializado le ayudará a uno a alcanzar el éxito, pero le aseguro que no es la habilidad más esencial para el éxito.

De hecho, el especialista puede carecer por completo de este elemento esencial. Puede tener éxito a pesar de carecer de esta cosa importante que estamos buscando.

H. RAY: El capítulo 6 de *Piense y hágase rico* se titula "Imaginación". ¡Quizá sea eso lo que hemos estado buscando!

N. HILL: Al menos, cada vez estamos más cerca. Cualquiera con Imaginación podrá descubrir y usar este esencial para mejor provecho que uno sin Imaginación, estoy seguro.

H. RAY: Bueno, entonces ¿qué tal el capítulo 7, "Planificación organizada"? ¿Nos ayudará en nuestra búsqueda?

N. HILL: Sí, mucho. Una persona con Imaginación que hace Planificación Organizada reconocerá, necesariamente, esta habilidad tan esencial para el éxito.

H. RAY: ¿Pero en sí mismos, estos dos elementos no son la habilidad que estamos buscando?

N. HILL: No, no lo son.

H. RAY: Entonces, me parece que tendremos que darnos por vencidos y pedirle que nombre la habilidad que es más esencial para el éxito. Porque cada persona sin duda quiere saber cuál es, para que él también pueda empezar a usarla tan eficazmente como sepa, tan eficazmente como pueda aprender a usarla. Esa es la razón por la que tantas personas hoy en día están leyendo libros sobre el éxito.

Ahora hemos llegado al punto en el que nos rendimos, Dr. Hill. ¿Nos dirá cuál es la habilidad que, por encima de todas, es esencial para el éxito?

N. HILL: Bueno, es realmente muy simple. Dado que todo el éxito se basa en el contacto con otras personas, es fácil ver que la capacidad de llevarse bien con otras personas es la más esencial para el éxito.

H. RAY: Dr. Hill, ¿quiere decir que no podemos irnos y decirle a la gente lo que pensamos de ella?

N. HILL: La capacidad de llevarse bien con otras personas es el rasgo más esencial del éxito.

H. RAY: ¿Quiere decir que no puedo regañar de manera déspota a las personas que trabajan para mí?

N. HILL: La capacidad de llevarse bien con otras personas es el más esencial de todos los rasgos del éxito.

H. RAY: ¿No puedo decirle a un cliente lo que pienso de él cuando me molesta lo que dice de mi mercancía?

N. HILL: La habilidad para llevarse bien con otras personas es el más esencial de los rasgos del éxito.

H. RAY: No puedo... oh, de acuerdo, me rindo. ¿Pero quiere decir que esto se aplica siempre a todas las personas, Dr. Hill?

N. HILL: Estoy seguro de que esta es la clave del éxito.

H. RAY: Entonces, ¿cree que los jóvenes de éxito encuestados por *Coronet* diagnosticaron correctamente esta cosa llamada éxito?

N. HILL: Desde luego que sí.

H. RAY: ¿Y que el rasgo más esencial del éxito es realmente la habilidad para llevarse bien con otras personas?

N. HILL: Por supuesto, porque todo el éxito se basa en nuestro contacto con otras personas. Otras personas son necesarias en cualquier vocación en la que nos involucremos. No existe el éxito para el hombre que está totalmente aislado de los demás, si es que eso es posible.

H. RAY: El éxito, dice Napoleon Hill, solo es intencional. Y como hemos señalado en esta discusión, la habilidad de llevarse bien con la gente es el más esencial de todos los rasgos.

¿Y te enseña Napoleon Hill cómo llevarte bien con otras personas? Bueno, preguntémosle a él.

Dr. Hill, en su filosofía del éxito, usted incluye diecisiete fundamentos. ¿Cuántos de esos diecisiete fundamentos tratan directamente el tema de llevarse bien con otras personas?

N. HILL: Cinco de estos principios tratan directamente de ese tema.

H. RAY: Entonces este tema de llevarse bien con la gente no es nuevo para usted, ¿verdad?

N. HILL: Apenas. Es el único factor que reconocí al principio de mi investigación sobre este fascinante tema.

H. RAY: ¿Cuáles cinco de sus principios de éxito tienen que ver con llevarse bien con los demás?

N. HILL: El primero es el principio de la Mente Maestra, o "Master Mind".

H. RAY: Para los que no comprenden el significado de Mente Maestra, ¿nos podría dar una definición fácil de entender, por favor?

N. HILL: Mente Maestra, es una condición que existe cuando dos o más mentes trabajan en perfecta armonía hacia un fin definido.

H. RAY: Eso sí que es un tiro al blanco, si es que existe alguna. Dos o más mentes trabajando juntas en perfecta armonía, ¿es eso llevarse bien con otras personas? Más vale que así sea.

Y el segundo de sus principios del éxito, Dr. Hill, ¿cuál tiene que ver con el tema de llevarse bien con otros?

N. HILL: Una personalidad atractiva.

H. RAY: Y damas y caballeros, cuando estudien los treinta factores de una Personalidad Atractiva tal como los enseña Napoleon Hill, sabrán que él cree que la habilidad más importante de la persona exitosa es su capacidad de llevarse bien con otras personas. De otro modo, ¿por qué se preocuparía por un tema como la Personalidad Atractiva en una filosofía de éxito?

¿Y su siguiente principio del éxito que trata con la habilidad de llevarse bien con otras personas, Dr. Hill?

N. HILL: Ir más allá de lo esperado; en otras palabras, hacer más y mejor trabajo para lo que te pagan, hacer eso siempre, y hacerlo con una actitud mental positiva y agradable.

H. RAY: ¿Alguien ha dicho algo sobre llevarse bien con otras personas? ¿Dónde hay una fórmula mejor en todo el mundo para llevarse bien con las personas con las que te relacionas? ¿Puedes imaginar una regla mejor, independientemente de si eres un empleado o un empresario? Ir más allá de lo esperado.

N. HILL: Sí, prestar más y mejor servicio del que se le paga, hacerlo todo el tiempo y con una actitud mental positiva y agradable; pruébelo y vea si contribuye a sus esfuerzos para llevarse bien con los demás.

H. RAY: Y este siguiente principio de la filosofía del éxito de Napoleon Hill satisface las demandas de toda persona que tenga alguna inclinación religiosa.

N. HILL: La Regla de Oro, la regla que funciona siempre, independientemente de sus inclinaciones religiosas.

H. RAY: ¿Qué? ¿La Regla de Oro no tiene que ver con la religión?

N. HILL: Puede ser parte de la religión, pero no es parte de ninguna doctrina especial o "ismo", usted puede estar seguro de ello. Es una parte del Universo. Es una ley que estaba en vigor cuando se creó el mundo y que seguirá en vigor después de que el Universo haya desaparecido. Y es una ley que funciona en los negocios y la industria con la misma seguridad que en cualquier otro lugar. Cuando los hombres tienen la idea de que la Regla de Oro no funciona en sus casos, les espera una caída y una sorpresa. Lo que haces a y por los demás lo haces a y por ti mismo.

H. RAY: Y lo que le sorprenderá a quien estudie la filosofía de Napoleon Hill es la forma en que le muestra CÓMO funcionan estos principios. No se limita a decir: "Debes observar la Regla de Oro porque todos los hombres buenos la observan". En ninguna manera. Dice: "Puedes engañarte a ti mismo, pero no puedes escapar de la ley inmutable de la Regla de Oro. Funciona cada minuto que vives, y el trato que das a tus semejantes te volverá con la misma seguridad que la noche sigue al día. Así que si quieres que el éxito vuelva a ti, será mejor que empieces a repartirlo ahora y que sigas repartiéndolo mientras te quede un aliento de vida".

Creo que hay otro principio en su filosofía del éxito que tiene que ver con llevarse bien con otras personas, ¿no es así, Dr. Hill?

N. HILL: Sí, y ese principio es Trabajo en Equipo; cooperación amistosa.

H. RAY: ¿Se parece este principio a la Mente Maestra que mencionó hace unos minutos, Dr. Hill?

N. HILL: La Mente Maestra es el pequeño círculo interno de personas que trabajan con usted en armonía, pero el Trabajo en Equipo debe incluir a cada una de las personas con las que usted está conectado de manera comercial. El trabajo en equipo es la cooperación para el beneficio mutuo de todas las partes implicadas. A fin de cuentas, es simplemente sentido común.

H. RAY: Pero ciertamente está incluido en la habilidad de llevarse bien con otras personas.

N. HILL: Sin duda. Prácticamente no es otra cosa SALVO llevarse bien con otras personas.

H. RAY: Así que, como ve, Napoleon Hill está de acuerdo con la opinión que se desprende de la encuesta realizada por la revista *Coronet* en el número de febrero. De hecho, ha estado de acuerdo con ellos durante los últimos cuarenta años, el tiempo que lleva creando esta filosofía del éxito individual. Sí, es cierto: la habilidad más esencial para el éxito es la habilidad de llevarse bien con otras personas. Usted va aún más lejos en su filosofía del éxito, ¿no es así, Dr. Hill?

N. HILL: Sí, así es. Voy tan lejos que insisto en que mis alumnos asuman toda la culpa de todo lo que ocurre entre ellos y otras personas.

H. RAY: ¡Dr. Hill! ¡No todo!

N. HILL: ¡Absolutamente! En el análisis final, somos responsables de nuestro propio éxito o de nuestro propio fracaso; por lo tanto, somos responsables de cada cosa que nos sucede. E incluso si no lo somos, solo hay una manera de condicionar nuestra mente para el éxito...solo una manera de condicionar nuestro pensamiento hasta el punto de tomar el control total y completo de nuestra mente, y es asumir la culpa de todo lo que nos sucede. No hay otra manera. Tratar de culpar a otras personas por las cosas que suceden es la forma en que operan los débiles. No quiero que mis alumnos sean débiles. Quiero que se valgan por sí mismos. Quiero que tomen las riendas de su propia mente. Quiero que exijan el éxito del mundo y que lo alcancen. Por lo tanto, insisto en que asuman toda la responsabilidad de cada cosa que ocurra en sus vidas. Solo así podremos formar mentes fuertes, mentes positivas, mentes que puedan soportar el éxito. Porque debes recordar que se necesita una mente fuerte para soportar el éxito. Esa es la verdadera prueba del carácter. He conocido a muchos hombres que podían soportar el fracaso bastante bien, pero cuando les llegó el éxito fueron totalmente incapaces de hacer frente a la situación porque no habían aprendido a llevarse bien con otras personas. No habían aprendido la gran lección del éxito: que los demás son en parte responsables del éxito de uno. Sí, no hay duda de que la capacidad de llevarse bien con los demás es el elemento más esencial del éxito. Porque cuando uno ha aprendido a llevarse bien con los demás, amigos míos, está verdadera y finalmente en paz consigo mismo y en paz con el mundo.

H. RAY: Gracias, Dr. Napoleon Hill, por su excelente presentación en cuanto a la habilidad de llevarse bien con otras personas.

EPÍLOGO

por Don Green

Espero que hayas disfrutado de este libro sobre los *Caminos hacia la paz mental*. Te animo también a que leas *Hágase rico con paz mental*, el último libro de Napoleon Hill. También te ayudará a entender que una vida verdaderamente satisfactoria y gratificante solo puede alcanzarse cuando uno encuentra la paz mental. El dinero puede ayudarte a conseguirla, pero por sí solo no te dará paz mental. ¿Qué lo hará? Napoleon ha identificado una serie de factores, rasgos y principios, pero el predominante que he aprendido de sus enseñanzas es el acto de ayudar a los demás.